L'ambre maudite

Illustration de couverture
Julien Delval

Anne Richard

L'ambre maudite

BLANC - HIBOU 2

BAYARD JEUNESSE

3, rue Bayard, 75008 Paris
ISBN : 2 7470 0383 3
Dépôt légal : novembre 2002

Loi 49956 du 16 juillet 1949 sur les publications destinées à la jeunesse

Chapitre 1

La nuit était tombée, faisant apparaître les étoiles. Des hommes des plaines s'étaient assis en cercle autour du feu, un peu à l'écart de leurs tentes. Le vieil astrologue du camp avait longtemps prié les grands dragons et observé le ciel pour déterminer le moment propice. Tout était prêt ; aussi la matriarche donna-t-elle le signe du commencement de la cérémonie. L'astrologue frappa lentement le cuir de son tambour rituel et chantonna un air grave. Chacun se balança en rythme, les yeux fermés. La matriarche fut la première à les ouvrir de nouveau. Elle jeta dans le feu plusieurs herbes magiques, qui crépitèrent en touchant les flammes. Puis elle saisit un très ancien coffret de bois, usé par les voyages et les intempéries, et en sortit un objet gros comme le poing, recouvert d'un morceau de toile. Le chant s'amplifia, chaque personne reprenant la mélopée. Le rythme s'accéléra, et l'astrologue, les yeux révulsés, se mit brusquement à marmonner. La vieille femme, qui tenait toujours le coffret dans sa main, regarda le ciel intensément et parut s'adresser aux étoiles. Elle prit une longue inspiration, et lorsque chant et tambour furent au plus fort, elle lança violemment l'objet dans le feu.

Le silence revint tout à coup. Rien ne se passa pendant quelques instants. Les Dreshgoards se regardèrent, inquiets. Soudain, un léger craquement se fit entendre. Puis un deuxième. Avant que quiconque n'ait pu réagir, le feu explosa dans un bruit infernal. Tous se jetèrent à terre pour éviter les braises qui en jaillissaient. Soudain, les flammes se calmèrent comme par enchantement, et une ombre se leva du cœur du foyer. Cette ombre prit peu à peu la forme d'une énorme araignée. Elle avait deux yeux rouge sang, qu'elle darda sur l'assistance pétrifiée. La matriarche murmura un mot incompréhensible, et l'ombre se tourna vers elle. La vieille femme, toujours au sol, essaya d'échapper à ce regard en reculant sur ses mains. Un homme voulut s'interposer entre elle et l'ombre menaçante, mais il le fit trop tard. L'ombre s'était ruée sur la matriarche pour l'égorger d'un coup de griffe noire. Le jeune homme resta interdit, et l'ombre fondit sur lui. Étrangement, elle sembla dis-

paraître à son contact. Le jeune homme, qui s'était instinctivement protégé avec les mains, baissa lentement les bras.
Les autres membres de la cérémonie s'approchèrent de lui et le regardèrent, surpris. Lui-même avait l'air de ne pas croire qu'il était encore vivant. Mais son sourire s'éteignit soudain, et il se plia en deux sous le coup d'une douleur atroce. Il s'effondra en serrant son ventre. Quand il se releva, tous sursautèrent, effrayés : deux mandibules sortaient de sa bouche, et trois paires de pattes avaient poussé sur son abdomen ! Ses yeux étaient devenus rouge sang. L'assistance eut un haut-le-cœur lorsque les mandibules et les pattes se rétractèrent pour se cacher dans le corps de l'homme. Il était de nouveau d'apparence humaine, hormis ses yeux, qui étaient restés rouges. Il plongea la main dans le feu et prit ce que la vieille femme y avait jeté : un gros éclat d'ambre pure. Puis une voix rauque sortit de sa gorge : « Mon seigneur reviendra de l'Autre Côté… et le dragon du nord périra… »

La voix du monstre résonnait encore à ses oreilles lorsque Grémory se réveilla, ce matin-là. Elle perçut enfin les coups insistants frappés par Rodoceste à la porte de sa chambre.

– Mademoiselle ! Mademoiselle ! C'est l'heure, il faut vous lever ! Allons, vous allez être en retard…
– C'est bon, ça y est, je ne dors pas…
Rodoceste entra, des affaires propres sous le bras. Le jour inonda la pièce lorsque la gouvernante tira les persiennes. C'était l'automne, le soleil était déjà affaibli ; pourtant Grémory se sentit rassurée de voir la lumière. Son cauchemar avait du mal à disparaître, cette fois-ci, et elle ne se fit pas prier pour sortir du lit. La jeune fille s'approcha de la fenêtre pour se réconforter et regarda l'unique montagne du paysage, très loin, vers l'horizon. On appelait tepuy ces montagnes aux flancs arrondis, dont le sommet plat était le plus souvent entouré de nuages. Il y en avait cinq ou six semblables, réparties dans le monde d'Erevent. Les humains n'y allaient jamais, c'étaient des territoires impénétrables, qu'on disait habités par les seuls félis sauvages.
– Pressons, pressons ! reprit Rodoceste, l'air guilleret. Eh bien, vous en faites, une mine, ce matin ! Vous avez mal dormi ?
– J'ai fait un cauchemar, expliqua Grémory en versant l'eau du broc pour se laver.
– Oh, mais ce n'est rien, ça ! Vous n'êtes plus une petite fille, voyons, continua la gouvernante en secouant drap et couverture.

– Mais, cette fois, ce n'était pas pareil… Je n'ai jamais fait un rêve comme celui-là… Il semblait si réel !
– C'est toujours ainsi, les rêves, bons ou mauvais ! Tant qu'on dort, on y croit. Mais vous êtes dans la vraie réalité, maintenant. Vous avez de l'équitation après le petit déjeuner, alors dépêchez-vous, ou vous allez encore passer la matinée le ventre vide ! Et ce n'est pas bon pour la santé !
Grémory fit sa toilette, ne prêtant qu'une oreille distraite au joyeux bavardage de sa gouvernante. Elle sentait que son cauchemar n'était pas naturel. Après une collation rapide, la jeune fille suivit un cours d'équitation un peu morne. Un ancien soldat du seigneur Ours-Rouge donnait la leçon à un groupe de futurs chevaliers. Un nouveau venait d'arriver, et il fallait tout lui apprendre, ou presque. Des exercices de base furent répétés par tout le monde, et Grémory, s'en remettant à ses réflexes, laissa vagabonder son esprit.
Les humains de son rêve étaient des nomades qu'on appelait des Dreshgoards. Ils avaient l'habitude de vivre dans la plaine et ne venaient jamais en ville. En revanche, ils razziaient de petits villages de temps en temps ; du moins c'est ce qu'on racontait. Malgré les voyages que Grémory avait faits dans son enfance,

elle n'en avait jamais vu un seul, elle en était sûre... Comment pouvait-elle rêver d'eux, alors ? De plus, elle n'avait jamais assisté à une cérémonie pareille... C'était à n'y rien comprendre. Par contre, elle était prête à jurer que l'ombre en forme d'araignée qui était sortie du feu, et entrée dans le Dreshgoard, était une Chose de l'Autre Côté. La jeune fille l'entendait encore dire : « Mon seigneur reviendra de l'Autre Côté... » Une telle formule dans la bouche de ce monstre affreux n'était pas le fait du hasard ! Ces « Choses », des créatures terrifiantes, avides de destruction, venaient de ce fameux « Autre Côté » : un monde de ténèbres, caché derrière une porte fermée depuis des siècles. Quelques-unes avaient reparu récemment, sans que personne sache pourquoi. Grémory en avait combattu quelques semaines auparavant, mais les Choses qu'elle avait défaites ne ressemblaient pas du tout à celle de son rêve. Cela la troublait beaucoup. Y aurait-il plusieurs sortes de Choses de l'Autre Côté ? C'était la seule explication. Grémory ne comprenait pas trop ce qui lui donnait cette certitude, mais elle ne pouvait se l'ôter de la tête.

« Seigneur...mon seigneur...vengeance... » Grémory sursauta, faisant faire une embardée à son cheval.

Elle aurait juré qu'une voix avait susurré ces mots à son oreille.
– Et alors, demoiselle, qu'est-ce que ça veut dire ? tempêta le maître d'une voix de stentor.
– Rien, rien, j'ai… Un moustique m'a piqué ! prétexta Grémory.
– Un moustique, hein ? En cette saison ? Mouais… Tenez votre monture au lieu de chercher de fausses excuses !
Les autres élèves gloussèrent, et la jeune fille rougit, honteuse. La suite de la journée fut du même acabit. À plusieurs reprises, il lui sembla qu'une voix chuchotait à côté d'elle ; elle crut apercevoir une ombre difforme, cachée derrière un pan de rideau ou une porte entrebâillée. L'image de l'homme monstrueux lui revenait sans cesse à l'esprit, ainsi que ses paroles. Mais elle avait beau les retourner dans tous les sens, elle n'en comprenait pas la signification. Tout cela était vraiment trop étrange, aussi résolut-elle d'aller en parler à Meylao le soir même.

Chapitre 2

– Mademoiselle Grémory ! Quelle bonne surprise ! Entrez donc !
Meylao ouvrit la porte toute grande et s'effaça devant sa visiteuse. L'intérieur du logis était confortable et d'un luxe discret, à l'image de son propriétaire.
– Qu'est-ce qui me vaut ce plaisir ? Oh, asseyez-vous, je vous en prie ! Un thé, des petits gâteaux ? Vous ne pouvez pas imaginer comme je suis content de vous voir…
Le félis s'affairait déjà, tout à son rôle d'hôte parfait. Grémory était presque gênée de le voir aussi prévenant. Elle n'avait pas trop l'habitude d'être traitée avec tant d'égards, à force de vivre comme un soldat, ou presque… Il lui sembla pourtant que, malgré son air détaché, Meylao était préoccupé. En regardant de plus près le décor, la jeune fille eut l'impression que le Chétif était en train de faire ses valises.

Le service de porcelaine fine était déjà sur le guéridon lorsque Grémory s'installa.
– Oui, je suis vraiment ravi de votre visite, mademoiselle…
– Oh, vous pouvez laisser tomber le « mademoiselle », vous savez… Avec tout ce qu'on a vécu ensemble… Et puis, se tutoyer, ça m'arrangerait. Je ne suis pas une noble dame de la Cour, seulement la fille d'un homme d'armes… Mais que se passe-t-il ? On dirait qu'un voyage se prépare…
Meylao allait répondre lorsque deux coups furent frappés à la porte. « Décidément, songea Grémory, rien ne va comme je le voudrais, aujourd'hui. » Meylao poussa un cri de surprise en ouvrant la porte.
– Ça par exemple ! Itzvan ! Vous vous êtes donné rendez-vous chez moi, tous les deux ?
Grémory sursauta. Le jeune garçon était sur le seuil, dans des habits toujours aussi bariolés, et avec un baluchon sur le dos. Mais, cette fois, son sourire mutin avait déserté son visage. Grémory eut un pressentiment.
– Itzvan… Qu'est-ce qui se passe ?
– J'ai fait un rêve… Ou plutôt un cauchemar. Horrible.
Meylao, devenant sérieux à son tour, le fit entrer sans

mot dire et regarda rapidement dans la rue avant de refermer la porte.

Itzvan continua :

– J'en ai parlé à mes parents, et ils pensent comme moi que c'était un cauchemar très inhabituel. Ils disent qu'une créature aussi terrifiante, même en rêve, n'est pas naturelle. Alors, j'ai supposé que cela avait peut-être un lien avec les Choses de l'Autre Côté que nous avions combattues tous les trois, puisque les Choses ne viennent pas de notre monde. Ils m'ont conseillé de vous en parler à tous les deux. Je suis d'abord allé te chercher au château, Grémory, mais tu étais déjà partie. Et me voilà.

– Tu parlais d'un cauchemar…

– Oui. Il y avait des Dreshgoards autour d'un feu, la nuit. Ils se sont mis à chanter…

– Et une vieille femme a jeté une sorte de pierre dans le feu ! s'écria Grémory. De l'ambre, je crois… Et une ombre en forme d'araignée est apparue !

Itzvan écarquilla les yeux :

– Quoi… Toi aussi ?

Meylao enchaîna d'un ton sombre :

– Et la Chose – si c'en est bien une – a tué la vieille femme, a pris l'apparence d'un homme et récupéré la pierre.

Un silence pesant suivit l'intervention du félis. Les trois amis ressentirent très fort le lien qui les unissait depuis leur dernière aventure... Et que, une fois encore, ils devraient partir au-devant du danger. Mais, pour le moment, il fallait trouver des réponses, un point de départ, pour comprendre.
– Pendant toute la journée, murmura Grémory, j'ai eu l'impression de ne pas être toute seule. Je m'attendais à tout instant à voir surgir quelque chose de n'importe où... Rien n'est venu, mais c'était comme si le rêve avait continué... Pas vous ?
Les deux autres acquiescèrent en silence.
C'est alors que Meylao, la mine encore plus soucieuse, fit signe à ses amis de patienter un instant. Il revint avec un petit sac de velours noir dans les mains. Il l'ouvrit en disant :
– Dites-moi... À votre avis... Le morceau d'ambre pourrait-il ressembler à celui-ci ?
Les deux jeunes gens regardèrent l'intérieur du sac... Grémory s'exclama :
– Oui, c'est cela ! Mais comment... Où l'as-tu trouvé ?
– Cet après-midi, sur la devanture d'un petit bijoutier. Il m'a dit que, ce matin, un Dreshgoard d'aspect inquiétant avait absolument tenu à le lui vendre, pour une somme dérisoire, comme s'il cherchait à tout prix

à s'en débarrasser… Et le Dreshgoard qu'il m'a décrit m'a eu tout l'air d'être le… enfin, la Chose. Il avait les yeux rouges, c'est un détail qui ne passe pas inaperçu. D'habitude, les Dreshgoards ont les yeux noirs. Je pense que c'est suffisant pour nous indiquer une piste. Donc, je finissais de mettre de l'ordre dans mes affaires, et j'allais partir vous prévenir tous les deux lorsque tu es arrivée, Grémory.

– Qu'est-ce que ça veut dire ? Pourquoi a-t-il pris la pierre ? Pour s'en débarrasser aussitôt ? demanda Itzvan. C'est étrange…

– Bon, ne restons pas comme ça, fit Grémory. Je propose d'aller au château Ours-Rouge pour prévenir ma belle-mère. Peut-être y a-t-il moyen de lancer une battue dans les environs avec quelques hommes d'armes, en espérant que la Chose ne soit pas déjà trop loin.

– Cela va être difficile, maintenant que la nuit est tombée. Mais c'est tout de même une excellente idée, répondit Meylao. Juste un instant, que j'aille chercher mon paquetage là-haut.

Grémory et Itzvan attendaient le Félis quand un bruit de chute retentit à l'étage. En un éclair, ils se précipitèrent dans l'escalier, Grémory la première. Dans le couloir du premier, une silhouette encapuchonnée la heurta de plein fouet et la laissa, étourdie, contre un mur. Itzvan, qui venait de gravir la dernière marche, essaya tant bien que mal de retenir l'assaillant ; mais ce fut peine perdue… Il se cramponna à la rampe pour ne pas dévaler l'escalier sur le dos. La silhouette marqua un temps d'arrêt au rez-de-chaussée… Elle sursauta et se dirigea rapidement vers le guéridon. Itzvan sauta par-dessus la rambarde et se jeta sur l'ombre au moment où elle s'emparait du morceau d'ambre.

Le jeune garçon roula au sol avec l'inconnu, et la gemme vola au loin.

– Grémory, aide-moi ! Qu'est-ce que tu fais ?

La jeune guerrière, toujours sonnée par le choc, descendit l'escalier, les jambes flageolantes. Elle attrapa néanmoins l'individu par-derrière, serrant ses bras de toutes ses forces. Itzvan se dégagea et tendit une main vers la capuche noire. Des cheveux bruns, un visage au teint mat et aux pommettes saillantes, des yeux noirs en amande... C'était un Dreshgoard. L'homme, ainsi découvert, profita de la surprise des deux jeunes gens pour assener un violent coup de poing à Itzvan, et lancer son coude dans le visage de Grémory en se retournant. Avant qu'ils aient pu se remettre, le Dreshgoard avait disparu, laissant la porte de la maison grande ouverte.

– Itzvan, ça va ? fit Grémory en pressant la main contre sa joue tuméfiée.

Le jeune garçon se releva, un peu de sang perlait à ses lèvres.
– Oui. Enfin, ça pourrait être mieux… Il a essayé de prendre l'ambre, tu as vu ? C'est de plus en plus…
– Chut ! Où est Meylao ? s'écria Grémory. Meylao ? Meylao ! reprit-elle en se précipitant à l'étage.
Itzvan emboîtait le pas à son amie lorsqu'il aperçut l'ambre, qui avait roulé non loin de là. Il la mit dans sa poche et courut à la suite de Grémory.
La chambre de Meylao était sens dessus dessous. Le Chétif gisait au sol, en plein milieu de la pièce. Grémory se pencha sur lui. Il était inconscient, le museau blessé. Un faible courant d'air venant d'une fenêtre ouverte passait sur lui.
– Meylao ? Tu m'entends ? murmura la jeune fille.
Le Chétif ne réagit pas. Grémory l'examina rapidement : il respirait toujours !
– Meylao ? reprit-elle en caressant distraitement son front poilu.
Une inspiration plus forte souleva le gilet du félis. Il gémit faiblement et cligna des yeux. Grémory et Itzvan soupirèrent, soulagés.
– Comment te sens-tu ? Doucement, ne te relève pas trop vite.
Les deux jeunes gens aidèrent Meylao à se redresser

et à s'asseoir sur le bord de sa couche, un immense coussin rond.
– Mrfff, quelle brute… Ma truffe, oh là là ! Et puis, j'ai mal au crâne…
Itzvan lui tendit un mouchoir :
– Pour ton nez.
– Non, merci, j'ai un nécessaire de premiers soins dans une petite armoire, dans la salle de bains. Laisse, Itzvan, je vais y aller. Je peux marcher, ça va.
Les deux autres inspectèrent la chambre pendant que Meylao s'occupait de ses blessures.
– Il est entré par la fenêtre, mais elle n'a pas de carreau cassé… Elle devait être entrouverte, conclut Itzvan.
– Il a mis la chambre à sac ! Au fait, l'ambre est toujours en bas ? Il ne l'a pas emportée, je crois.
– Oui, oui, je l'ai retrouvée, elle est dans ma poche. Quelle histoire ! En tout cas, il a eu l'air très embêté qu'on ait vu son visage. Ça l'a fait fuir.
– Bon, fit le félis d'un air las en revenant, si nous allions raconter tout cela à Dame Thisbé, maintenant ?

Chapitre 3

Meylao et Itzvan étaient en train de faire soigner leurs plaies et bosses pendant que Grémory parlait avec sa belle-mère.

– Hélas, fit Dame Thisbé, je n'ai pas beaucoup d'hommes d'armes disponibles en ce moment. Je vais voir ce que je peux faire pour cette battue à l'extérieur de la ville. Par contre, tous les miliciens seront prévenus, et si la Chose est encore dans les murs de Mercœuil, nous le saurons très vite.

– Merci, répondit Grémory, je suis sûre que nous allons finir par la retrouver… Ce n'est pas possible autrement ! Nous ne pouvons pas avoir fait tous les trois le même rêve sans raison !

Elle regarda l'éclat d'ambre dans la paume de sa main. Les flammes de la cheminée se reflétaient dedans, lui donnant un semblant de vie. Grémory eut presque l'impression qu'elle palpitait vraiment, par moments. Un soupir rauque lui raidit la nuque.

Elle fronça les sourcils, et regarda rapidement autour d'elle.
« Vengeance... Mon seigneur... » entendit-elle. La jeune fille se retourna d'un coup en serrant le poing sur l'ambre brute.
– Grémory ? Que se passe-t-il ? demanda Dame Thisbé.
Le silence revint. Grémory bafouilla :
– Je ne sais pas… Non, rien, il n'y a rien. Je dois être fatiguée, j'ai les oreilles qui bourdonnent.
– Il est tard. Va te coucher, tes amis feront de même une fois que le médecin aura fini de les ausculter. Allez, dors bien, nous nous lèverons tôt, demain.
Grémory s'exécuta, contente de ne pas être obligée de rester plus longtemps. Elle sortit de la pièce en remettant machinalement l'éclat d'ambre dans sa poche.
La jeune fille se sentait très lasse ; mais ces chuchotements mystérieux l'avaient alarmée. Son cœur battait la chamade. Elle n'arrivait pas à comprendre pourquoi cette voix lui faisait aussi peur. Il faut dire que les Choses que Grémory avait combattues jusque-là ne parlaient pas, elles. La jeune guerrière sentit que la lutte serait plus difficile, désormais.
La nuit ne fut pas très reposante, et Grémory eut toutes

les peines du monde à s'extirper de son lit le lendemain matin. Meylao et Itzvan n'avaient dormi que d'un œil, eux aussi. Lorsque Grémory les retrouva au petit déjeuner, ils étaient tout ensommeillés, ainsi que trois des gardes de la capitaine. Dame Thisbé avait fait lever tout le monde très tôt, à cause d'une nouvelle qui était arrivée pendant la nuit.

– Écoutez-moi bien. Vous allez partir dès que vous aurez fini de manger. Nous avons une piste. Il y a une vieille paysanne qui habite vers l'ouest et qui vient tous les matins à Mercœuil vendre les produits de son jardin. Elle fait le trajet de nuit pour avoir un bon emplacement sur le marché du centre. Et cette fois-ci, elle a eu la peur de sa vie. Elle a croisé en chemin un être effrayant, mi-homme, mi-araignée, qui lui a « parlé dans la tête »… Elle est restée tétanisée sur le bord de la route pendant un bon moment ; ensuite elle a couru jusqu'aux portes de la ville pour se mettre en sécurité. Je propose donc de lancer les recherches vers l'ouest, car c'est la direction qu'a prise la créature, aux dires de cette pauvre femme.

Les trois amis se regardèrent, tout à coup bien réveillés. Ils finirent leur repas à la hâte et descendirent avec les trois gardes et la capitaine dans la cour du château.

– Maintenant que tout le monde est prêt, fit Dame

Thisbé, voici votre équipement : nourriture, couverture, eau, briquet d'amadou. Il y a aussi deux faucons ; si vous êtes obligés de vous séparer, et que vous trouvez la Chose, envoyez-en un me prévenir. Ils ont un petit sac à la patte, pour porter des messages. Ces faucons sont dressés : ils reviennent au château une fois lâchés, ne vous inquiétez pas. Quand j'aurai reçu votre appel, j'amènerai des renforts. Essayez de tenir jusqu'à mon arrivée. Allez, bonne chasse !
Les trois amis et les gardes partirent vers l'ouest alors que le soleil se levait à peine dans leur dos. Itzvan et Grémory, hissés sur leurs chevaux, souriaient en voyant Meylao marcher. En effet, le Chétif avait catégoriquement refusé de monter un animal aussi imprévisible. En outre, il avait troqué ses habits, d'ordinaire à la dernière mode, pour une sorte de tenue de voyage en toile marron, munie de multiples poches, apparemment toutes remplies.
– Qu'est-ce que tu peux bien emporter avec toi ? demanda Itzvan, les sourcils levés.
– Ah-ah ! fit Meylao avec un air de mystère. Vous verrez bien ! Je suis sûr que nous en aurons besoin.
Itzvan haussa les épaules et secoua la tête en murmurant : « Indécrottable citadin, va... Sans doute des objets bien inutiles en pleine campagne... »

Grémory, qui n'avait pas prêté attention aux remarques d'Itzvan, promenait son regard sur les alentours de la route où la vieille femme avait rencontré la Chose. Des champs vallonnés, séparés par des haies, s'étendaient à perte de vue. Quelques pommiers aux feuilles rougies se dressaient ici ou là. Des petits bois rompaient un peu la monotonie du paysage. Plus loin, vers l'ouest, on pouvait apercevoir cette curieuse montagne circulaire, le tepuy. Aucune silhouette – ni d'homme ni de Chose – ne se profilait à l'horizon.
« La journée promet d'être longue ! », songea la jeune fille. Elle soupira, résignée, et reprit son observation.
La matinée passa dans le silence. La petite troupe s'était éparpillée pour scruter le paysage sans se gêner. L'automne était déjà avancé, mais le ciel était sans nuages, ce qui facilitait les recherches. Le soleil continuait lentement sa course, et il était au plus haut lorsque ces chasseurs peu ordinaires sentirent la faim venir. Meylao réclama une pause.
– Je me demande ce qu'ils ont mis de bon dans nos sacoches, lança-t-il quand tous se furent assis au bord d'un champ, ayant attaché les chevaux à un arbre.
Le Félis fit la moue en ouvrant son paquetage.
– Du jambon fumé… Mouais. J'aurais préféré du saumon… Ah, du fromage, quand même ! Et du pain.

Une pomme… Bof. Si quelqu'un veut la mienne… Et dans la gourde ? De l'eau toute bête. Eh bien, dites-moi, ça manque de légumes, tout ça ! Enfin, on va faire avec, n'est-ce pas ?
Grémory et Itzvan s'étonnèrent :
– Ça mange des légumes, un félis ?
Meylao se redressa en plissant les yeux :
– Évidemment, qu'est-ce que vous croyez ? Qu'on ne se nourrit que de viande ? Et puis d'abord, on préfère le poisson, c'est meilleur pour les dents ! Alors quoi, vous n'avez jamais entendu parler des plantes que mangent les félis ?
– Des plantes ? firent les deux autres, surpris.
Les trois gardes aussi avaient levé les sourcils, mais ils n'osaient rien dire.
– En guise de légumes, nous consommons surtout des herbes, pour être précis.
– De l'herbe ?
– Mais non, DES herbes ! Vous n'avez jamais remarqué que selon le terrain, l'ensoleillement, l'apport en eau, etc, l'herbe n'est pas la même ? Nous, les Félis, nous avons appris cela depuis longtemps. À chaque herbe son utilité. Il y en a qui servent à se nourrir, d'autres à se soigner… Ou donner du goût à l'eau, termina Meylao en ouvrant une de ses poches.

Il en sortit une pincée d'herbes émincées et la jeta dans sa gourde. Les deux jeunes gens le regardaient, étonnés. Le félis but une gorgée avant de reprendre :
– On peut faire de la magie, aussi…
– C'est vrai ?
– Eh oui ! Ne restez pas comme ça ! Allez, à table, j'ai faim, moi !
Chacun entama le repas avec appétit. Meylao sortit d'autres herbes de ses poches, dont il parsema son jambon avant de le déguster. Tous suivirent son exemple.
Le repas fut vite expédié, et les cavaliers sautèrent en selle. La route sinuait toujours à travers la campagne, et rien de neuf ne se présentait. Bientôt, le petit groupe arriva à une intersection, où le chemin de terre se séparait en deux. Grémory fit claquer sa langue :
– Ah, zut ! Par où a pris la Chose ? À droite ou à gauche ?
Itzvan répondit :
– Pour le savoir, rien de plus simple : séparons-nous, puisque nous avons deux faucons… Allez, Grémory et Meylao avec moi à droite, et vous trois à gauche !
Ainsi fut fait. Les gardes s'engagèrent sur une voie, et les trois amis se retrouvèrent ensemble sur l'autre.

Ils continuèrent les recherches en alternant de longues périodes de trot et de plus courtes au pas. Quelques heures passèrent sans que rien de suspect ne se manifeste. Itzvan, l'esprit toujours en alerte, rompit le silence :
– C'est bizarre, tout de même… La Chose est à pied, nous allons plus vite à cheval, même au trot ! Si elle avait choisi cette route, nous l'aurions déjà rattrapée !
Grémory opina du chef :
– Oui, tu as raison ! Revenons sur nos pas et prenons l'autre route. Courage, Meylao, il va falloir courir vite !

Chapitre 4

Le félis suivait ventre à terre les deux chevaux lancés au galop. Ils rejoignirent rapidement l'intersection et s'engagèrent dans l'autre chemin. Le soleil avait déjà sensiblement baissé lorsqu'une petite forêt apparut au loin. Itzvan regarda le ciel, regrettant que la journée tire à sa fin, et il aperçut un oiseau qui volait à toute vitesse.

– Grémory ! Regarde ! Un faucon ! C'est sûrement celui des soldats !

La jeune fille étouffa un juron et talonna sa monture. Meylao et Itzvan augmentèrent eux aussi leur allure. Des cris retentirent dans les bois. À l'orée de la forêt, les chevaux étant gênés par les fourrés et les branches basses des arbres, Itzvan et Grémory furent forcés de continuer à pied. La jeune fille sortit son épée et son bouclier et entreprit de se tailler un passage vers l'endroit d'où provenaient les cris. De son côté, Itzvan prépara des petits poignards de lancer.

– Grémory ! Itzvan ! Attendez ! chuchota Meylao.
Les deux jeunes gens le foudroyèrent du regard, prêts à repartir. Mais le félis poursuivit en tirant un sachet d'herbes séchées de l'une de ses poches :
– Tenez, mangez ça ! Vous ferez moins de bruit !
Un sourire éclaira le visage des deux autres.
– De la magie des plantes, hein…, murmura Itzvan.
Les jeunes combattants ingurgitèrent les herbes amères, et leurs pas se firent plus légers. Ils en profitèrent pour contourner la scène du combat et surprendre la Chose par-derrière.
Dans une clairière, deux des soldats étaient aux prises avec le Dreshgoard, qui avait sorti ses pattes et ses mandibules. Le troisième homme était étendu au sol, baignant dans son sang. Soudain, l'un des soldats, grièvement blessé au torse, s'écroula. Le dernier survivant, exténué, se défendait péniblement.
Grémory s'écarta d'Itzvan et lui fit signe de lancer ses poignards juste avant qu'elle ne monte à l'assaut. Deux des trois touchèrent au but, faisant hurler le monstre de surprise et de douleur. Il eut à peine le temps de se retourner quand Grémory lui assena son premier coup d'épée. Il para avec le bras, que l'arme de la jeune fille entailla profondément. Il recula à une

vitesse étonnante, ne laissant pas à Grémory le loisir de le toucher de nouveau.
Le soldat, épuisé, baissa son épée et soupira, soulagé :
– Vous arrivez à point… Méfiez-vous, les blessures qu'on lui fait guérissent tout de suite !
En effet, le bras du Dreshgoard se régénéra en un clin d'œil. Puis sa bouche déformée par les mandibules s'étira en un sourire affreux et il arracha les poignards fichés dans son dos en se contorsionnant bizarrement.
– Ce n'est pas possible…
Grémory réprima un haut-le-cœur face à cette créature écœurante. Itzvan profita du moment pour jeter d'autres stylets qui, cette fois, rebondirent sur le monstre.
La jeune fille prit son courage à deux mains et repartit au combat. Elle lança plusieurs attaques, mais la Chose, trop rapide, les esquiva sans peine. Heureusement pour Grémory, son bouclier résistait aux griffes poilues de la bête. Le duel continua un moment, Grémory étant trop engagée pour que le soldat ou Itzvan puissent intervenir sans risquer de la blesser.
Pendant ce temps, Meylao, qui était resté en retrait avec le faucon, remplit rapidement un petit sachet d'herbes et l'accrocha à la patte de l'animal.

– Bon, si tu es intelligent, mon petit bonhomme, fit-il en regardant le rapace dans les yeux, tu vas voler juste au-dessus du Dreshgoard ! Allez !
Le Chétif lança l'oiseau vers la scène du combat en priant silencieusement pour qu'il prenne la bonne direction. Lorsque le faucon lui parut suffisamment près des deux adversaires, Meylao cria :
– Grémory ! Recule !
La jeune fille, surprise, arrêta son mouvement et chercha le félis des yeux. Elle recula cependant, évitant une nouvelle attaque. Alors qu'elle s'éloignait, la poudre végétale tombée du ciel se répandit sur le monstre. Il éternua. Une fois... deux fois... trois fois... Une crise d'éternuements le secoua violemment, et il s'effondra sous les yeux étonnés de la jeune fille. Elle aperçut alors le faucon qui s'élevait vers la cime des arbres et prenait le vent pour aller vers Mercœuil. Un sourire éclaira le visage de Grémory. « Bien joué, Meylao », se dit-elle avant de profiter de son avantage. Elle leva son épée au-dessus de sa tête et se rua sur l'adversaire.
« Non ! », fit soudain une voix dans sa tête. « Tu ne peux pas me tuer... Tu n'es pas assez forte !... » Grémory frémit en reconnaissant la voix. « Et puis tu n'en as pas vraiment envie, finalement... N'est-ce

pas ? », continua la voix. La jeune fille suspendit son geste. « Je suis ton ami… Pas eux… Écoute-moi… » La voix se faisait de plus en plus insistante ; Grémory ne pouvait plus bouger, ni même réfléchir.
– Grémory ? Qu'est-ce que tu as ?
Le cœur d'Itzvan s'emballa quand il vit la jeune fille s'immobiliser devant le monstre. L'hideuse créature, recroquevillée au sol, avait cessé d'éternuer. Le garçon ne comprenait pas ce qui se passait. Meylao s'approcha d'Itzvan.
– Qu'est-ce qui lui prend ? souffla-t-il. C'est le moment ou jamais !
– Mademoiselle ! Faites attention ! s'exclama le soldat. Reculez ou attaquez, ne restez pas comme ça !
Il s'approcha, l'épée levée. Grémory lui fit face, le visage figé dans une expression de haine.
– Mademoiselle ! Que vous arrive-t-il ? Mais…
Sans un mot, la jeune guerrière attaqua l'homme. Celui-ci eut toutes les peines du monde à parer sans la blesser.
– Grémory ! cria Itzvan. Tu es folle ! Ce n'est pas lui qu'il faut tuer !
Paniqué, il se tourna vers Meylao :
– Que fait-on ? Elle a perdu la tête !
– On y va ! fit Meylao en se jetant toutes griffes dehors

sur la Chose, qui s'apprêtait à attaquer Grémory dans le dos.
Le monstre, concentré sur l'esprit de Grémory, avait baissé sa garde. Il ne s'attendait pas à l'assaut du félis, et encaissa un coup de patte en gémissant. Meylao lui hurla dessus, les oreilles couchées en arrière. La Chose le regarda un instant avec étonnement, puis fit quelques pas en arrière, rivant de nouveau ses yeux sur la jeune guerrière. Itzvan récupéra deux stylets et les planta dans l'abdomen du monstre. Celui-ci grinça des dents et recula encore, jusqu'à se cacher dans les fourrés.
– Meylao ! Fais attention ! hurla Itzvan.
Grémory s'était retournée et s'apprêtait à frapper le Chétif. Ce dernier esquiva de justesse et bondit sur le côté.
– Grémory ! hurla-t-il. Reprends-toi !
La jeune fille le regarda, l'air hébétée.
– C'est moi ! Meylao !
Grémory avait toujours cette expression violente sur le visage, une expression que le félis ne lui avait jamais vue. Comme si elle n'avait plus été elle-même, tout à coup.
« Tant pis, tu ne me laisses pas le choix », pensa Itzvan en ajustant sa fronde. Il attrapa une balle de chiffon

dans sa poche et la lança vers Grémory. Le projectile heurta de plein fouet la tempe de la jeune fille, l'assommant sur le coup.
Meylao se pencha sur elle et lui ôta son arme.
– On ne sait jamais, fit-il, gêné de devoir se méfier de son amie.
Itzvan et le soldat s'approchèrent.
– C'est incompréhensible..., murmura l'homme d'armes. Elle allait l'avoir ! Il était vulnérable grâce à votre petit tour, monsieur. Par chance, vous avez réussi à le faire fuir !
– Oui, et il va falloir se remettre à sa recherche, soupira Itzvan. Si Grémory est toujours dans le même état à son réveil, ça ne va pas être facile... Qu'est-ce qu'on pourrait faire pour qu'elle redevienne normale ? Oh, une petite minute... Qu'est-ce qu'il y a dans sa poche ?
L'instinct d'Itzvan lui disait que la solution s'y trouvait. Sa main rencontra l'éclat d'ambre qu'il avait confié à Grémory la veille au soir.
– Tiens, mais qu'est-ce qu'elle fait avec ça sur elle ? Hmm, je crois que...
Un bruit le fit sursauter. Avant que les compagnons de Grémory aient pu réagir, deux Dreshgoards se précipitèrent sur eux, flèches et sabres sortis.

– Nous vous avons trouvés enfin ! s'écria l'un d'eux, un vieil homme recouvert de colifichets et de bijoux.

Meylao et Itzvan le reconnurent aussitôt : c'était le vieillard qui avait joué du tambour et chanté dans leur rêve !
– Je vois que vous avez toujours la gemme, poursuivit-il. Rendez-la-nous, vous êtes en danger ! Je vous en prie… Cet objet a déjà fait tant de mal…
Il s'approcha d'eux en tendant un très vieux coffret de bois ouvert, celui-là même qui avait contenu le bloc d'ambre dans leur cauchemar.
– Ça alors ! souffla Itzvan.
Soudain, des bruits de sabots retentirent dans la clairière : Dame Thisbé arrivait, accompagnée d'une petite escouade !
– Plus un geste ! lança-t-elle avec force. Itzvan, Meylao, Jaufré, prenez Grémory et rejoignez-moi ! Les Dreshgoards, si vous bougez d'un pouce… fit-elle d'un air menaçant.
Les nomades baissèrent leurs armes.
– La Chose est partie, capitaine ! intervint Meylao. Le Dreshgoard possédé n'est pas ici….
– Mais le cambrioleur, c'est celui-là, rétorqua Itzvan en désignant le plus jeune des deux.

Dame Thisbé réfléchit un instant avant de déclarer d’un ton sans réplique :
– Grémory a besoin de soins. En plus, la nuit tombe ; alors tout le monde au château ! C’est un ordre.

Chapitre 5

Une fois dans sa chambre, Grémory ne fut pas longue à reprendre ses esprits. Au grand soulagement de ses amis, elle était redevenue elle-même, et brûlait d'impatience d'entendre les explications des Dreshgoards. Ces derniers étaient dans la grande salle, devant Dame Thisbé, qui les observait avec méfiance.

– C'est vous le chef ? demanda-t-elle au vieil homme.

– Je suis l'astrologue du clan… La matriarche, notre vrai chef, est morte il y a peu. Mais pour nous deux ici présents, oui, on peut dire que je suis le chef.

– Bon ! Votre comparse a été formellement reconnu par un habitant de la ville comme le cambrioleur qui l'a agressé chez lui, hier soir. Comment l'expliquez-vous ?

– Hem… Vous me faites commencer par la fin, madame…

– C'est-à-dire ?

Dame Thisbé tourna la tête, interrompant d'un geste le nomade qui allait lui répondre. Elle accueillit avec un sourire soulagé Grémory, qui entrait dans la pièce en compagnie de ses deux amis.
– Ah, très bien… Tu vas mieux, on dirait.
Grémory lui sourit en retour :
– J'aurai juste une petite bosse…
– Tu arrives au bon moment ! Je viens d'entamer l'interrogatoire. Donc, fit Dame Thisbé en s'adressant au vieil homme avec une pointe d'ironie, vous êtes astrologue, et vous envoyez vos hommes cambrioler des honnêtes gens ?
Le Dreshgoard soupira :
– Non ! Enfin… c'est plus compliqué que cela. J'aimerais reprendre les événements dans l'ordre, si vous permettez. Ce « cambriolage » n'est que la conséquence malheureuse d'autres événements.
– C'est à cause de la Chose de l'Autre Côté, qui était enfermée dans le bloc d'ambre et qui s'est enfuie, n'est-ce pas ? intervint Grémory.
L'astrologue la dévisagea, étonnée :
– Comment l'avez-vous su ?
– Nous en avons rêvé tous les trois, répondit la jeune fille en désignant Meylao et Itzvan.
Le vieil homme les regarda intensément :

– Vous êtes bénis par les dragons, il n'y a pas d'autre explication ! Si vous êtes là, alors il y a peut-être un moyen d'éviter le pire…
– Comment cela ? fit Grémory.
– Grâce à vous, nous avons une chance d'empêcher la Chose de faire trop de mal, et même la détruire pour toujours.
Dame Thisbé s'impatienta :
– Est-ce que quelqu'un peut m'éclairer ? Grémory, ce sont les Dreshgoards de ton cauchemar ?
La jeune fille acquiesça en silence. L'astrologue se redressa :
– Je vais tout vous raconter, mais l'histoire remonte à un lointain passé. Je vous demanderai d'avoir la patience de me laisser parler sans m'interrompre. Voilà ! Tout d'abord, à l'époque où les Choses de l'Autre Côté étaient encore présentes dans notre monde, de nombreuses créatures de l'Arbre avaient appris à les vaincre. Chacune avait sa technique ; nous, les Dreshgoards, nous avions inventé les « pierres-prisons ». Ce sont des morceaux d'ambre qui servent à enfermer des Choses trop puissantes pour être détruites. La pierre que vous avez trouvée était dans notre clan depuis des siècles, transmise de génération en génération. La matriarche la confiait à

sa fille aînée au moment de sa mort, avec pour mission de la cacher à tout prix. Il y a quelques semaines, j'ai lu des signes dans les étoiles. Des signes qui disaient qu'une grande catastrophe se préparait, que des Choses de l'Autre Côté allaient revenir. J'en ai parlé à notre matriarche, et elle a décidé d'agir. Si les Choses revenaient, il ne fallait pas qu'elles puissent libérer celles que nos ancêtres avaient eu tant de mal à enfermer ! Notre matriarche a donc décidé de détruire la pierre, pour tuer du même coup la Chose qui était à l'intérieur. Je l'avais prévenue que c'était risqué... Il existe bien un rituel, mais personne n'avait jamais osé l'essayer ; il est trop complexe. Hélas, ma sœur... notre matriarche, était une femme têtue ! Et, il y a deux nuits...
Le vieil homme secoua la tête avec une profonde tristesse.
Grémory poursuivit à sa place :
– La cérémonie s'est mal passée... Votre chef est morte, la Chose a pris possession de l'un des vôtres, et elle s'en échappée...
– C'est cela, murmura l'astrologue.
Itzvan enchaîna :
– Comment avez-vous deviné que cet objet était chez Meylao ?

– J'ai prié les grands esprits des dragons, et j'ai fait une cérémonie pour avoir le don de vision pendant une demi-journée. Et j'ai vu, oui. J'ai vu la Chose qui entrait à Mercœuil, et ensuite la pierre, sur l'étal d'un bijoutier. J'ai envoyé mon neveu ici présent pour qu'il retrouve cette boutique. Mais, quand il est arrivé, le Chétif l'avait dans les mains, et il partait avec. Il l'a suivi, et il a attendu le soir pour agir. Il a bien vu que vous deux, jeunes gens, vous étiez là aussi. Mais il était pressé et il espérait que, trop occupés à vous parler, vous ne l'entendriez pas. Il a tenté le tout pour le tout… Quand il a échoué, nous avons voulu vous retrouver dans Mercœuil, mais toute la ville était déjà à la recherche de mon neveu à cause du cambriolage. Nous avons dû nous armer de patience. Finalement, nous avons appris que vous étiez partis ce matin vers l'ouest, et nous avons suivi vos traces.
Dame Thisbé s'alarma :
– Et par quel moyen l'avez-vous su ?
Le vieil homme haussa les épaules :
– Oh… Nous avons trouvé un informateur pour un peu d'argent.
– Passons sur cela, ce n'est pas le plus important de l'affaire.
Les trois amis avaient écouté la fin de l'histoire avec

attention. Les événements s'expliquaient enfin ! Cependant, un dernier point intriguait Grémory :
– Comment se fait-il que nous ayons rêvé d'une chose au moment où elle s'est produite ?
– Je l'ignore, répondit l'astrologue. Les rêves prémonitoires sont un phénomène assez courant... Nous, les Dreshgoards, croyons que les dragons nous parlent par nos rêves si nous leur faisons des offrandes ou des prières. Mais avoir une vision comme vous trois... au même moment... sans aucune cérémonie... C'est très, très inhabituel. Cela ne peut être le fruit du hasard. C'est certainement un signe de la destinée, même si je suis incapable de dire ce qu'il signifie.
– Et maintenant, qu'allons-nous faire ? La Chose court toujours..., remarqua Itzvan.
– Nous allons la retrouver grâce à son ancienne prison, et la détruire... si c'est possible, fit le vieil homme.
– Que voulez-vous dire par « la retrouver grâce à son ancienne prison » ? demanda Itzvan.
– La formule que nos ancêtres ont utilisée pour enfermer les Choses de l'Autre Côté dit que la Chose restera « liée » à sa prison, pour toujours. Ainsi, une partie de la Chose qui s'est enfuie est encore dans la gemme. Ce n'est pas une partie matérielle ; c'est comme une empreinte magique, spirituelle, ou une émanation, si

vous voulez… Alors, quand le jour se lève et que l'incantation appropriée est prononcée, une espèce de fil d'ombre apparaît, qui relie la pierre à la Chose. Il ne reste plus qu'à suivre ce fil jusqu'à elle… C'est pour cela que la Chose a cherché à se débarrasser de l'ambre pour que nous ne la retrouvions pas. Maintenant que nous l'avons, il faut agir le plus rapidement possible. Non seulement le fil s'évanouit quand la nuit tombe, mais en plus il ne va apparaître que pendant quelques jours. Le temps presse !

Grémory fronça les sourcils :

– Vous avez bien dit qu'une émanation spirituelle de la Chose est restée dans le bloc d'ambre ? Est-ce que ça peut provoquer… euh… des bruits… ou plutôt des paroles, dans la tête ?

– Oh oui, et bien d'autres choses encore… Cet objet reste dangereux, même sans sa prisonnière. Elle dégage une sorte d'atmosphère malfaisante, amoindrissant la force naturelle de l'Arbre, qui se trouve en tout dans notre monde. L'ambre pervertit son environnement ; on dirait qu'elle cherche à se le soumettre.

– Et c'est pour ça que vous nous avez demandé de la remettre dans son coffret… Il est magique, et il retient les émanations de la pierre, je parie ! s'exclama Itzvan, souriant.

– Tout à fait, jeune homme.
– Et c'est pour ça que tu es devenue si bizarre, Grémory ! fit Itzvan en se tournant vers son amie. Tu l'avais sur toi aujourd'hui. Ça t'a affaiblie, et ça a permis à la Chose de te manipuler. Tout s'explique !
Grémory se caressa le menton, songeuse.
– Oui, oui…, marmonna-t-elle. Sauf que j'entends cette voix depuis plus longtemps… Depuis notre rêve. Je crois que toi et Meylao, vous l'avez entendue aussi… Et il n'y a pas d'explication pour ça, de même que pour nos rêves.
Les visages s'assombrirent de nouveau. Le vieil homme rompit le silence :
– Je n'ai pas réponse à tout, bien sûr… Je sais juste que cette Chose est vraiment très puissante. J'ignore quels sont ses pouvoirs, et ce qu'elle veut faire… Je ne sais pas non plus pourquoi les Choses reviennent, hélas. Les étoiles et les dragons ne m'ont rien dit. En tout cas, je vous assure qu'il faut agir au plus vite. Le soleil est couché depuis longtemps, nous devrons nous mettre en route à l'aube, alors…
– Alors allez vous coucher, fit Dame Thisbé. Je suppose que toi, Grémory, ainsi que Meylao et Itzvan, vous allez repartir sur les routes pour trouver cette Chose, n'est-ce pas ?

Grémory acquiesça en silence. Dame Thisbé eut un petit sourire contrit.
– Tu ne seras pas restée longtemps ici… Je préviendrai ton père, bien sûr. Il sera fier de toi.

Chapitre 6

Le ciel était encombré de nuages lorsque les trois amis prirent la route avec les Dreshgoards, le lendemain matin. Une fois dans la plaine, l'astrologue sortit le coffret. Il le posa devant lui, sur l'encolure de son cheval. Il respira profondément, et entonna un chant étrange ; on eût dit qu'il avait deux voix : l'une, aiguë, qui psalmodiait une mélodie, et l'autre, plus grave, qui répétait tout le temps la même note. Plusieurs minutes s'écoulèrent ; les trois amis se regardèrent, saisis par le doute. Soudain, à leur grande surprise, une langue d'ombre sortit de la boîte. Elle s'éleva doucement vers le ciel, puis s'étira vers l'horizon lointain. Le vieil homme s'arrêta et sourit :

– Nous avons de la chance… Suivons le fil !

Le petit groupe lança les chevaux au trot, puis au galop, Meylao faisant son possible pour garder l'allure. Le paysage défilait autour d'eux, et Grémory songea, le cœur serré, que tout semblait baigner dans une douce tranquillité, personne ne se doutant du danger qui arrivait sur le monde. Le poids de sa mission lui parut soudain bien lourd… Elle sentit alors ballotter sous sa chemise le médaillon offert par Manteau-de-Pluie. Ce petit homme barbu, si étrange, n'avait pas reparu depuis le premier combat victorieux livré contre des Choses de l'Autre Côté, il y avait des semaines de cela. Il était parti en lui laissant cet objet magique, qui était censé donner à la jeune fille un peu de sa propre force. Ce que cela signifiait exactement, Grémory n'en savait rien : elle se sentait normale, ni moins ni plus forte que d'habitude. Pourtant, elle s'était obstinée à garder le pendentif au cou, persuadée qu'il finirait bien par révéler son utilité un jour.

Une bruine légère mais persistante se mit à tomber, trempant vêtements et cheveux. Le fil conduisit la petite troupe vers un bois qui séparait deux champs. L'astrologue ralentit sa monture et leva le bras pour inviter les autres à l'écouter :

– Soyons vigilants ! Je n'arrive pas à voir si le fil continue au-delà de cette petite forêt ou pas… La Chose s'est peut-être cachée là-dedans, méfions-nous…

Chacun sortit ses armes, même Meylao, qui s'était muni d'un bâton ferré. Un silence surprenant régnait dans le bois, comme si aucune créature ne l'avait habité. Seuls résonnaient les pas des chevaux. Le groupe avança avec appréhension entre les arbres, se demandant d'où allait venir le premier coup.
Soudain, le jeune Dreshgoard, qui fermait la marche, poussa un cri. Tous les autres se retournèrent : une araignée deux fois plus grosse que la tête de l'homme avait sauté sur son dos. Elle le mordit au cou, lui arrachant un hurlement de douleur. Le nomade s'affola, lâchant ses armes, et tenta de se débarrasser de la bête en lui attrapant les pattes. Les autres s'approchèrent, ne sachant comment agir pour éviter de le blesser.
Meylao brandit son bâton :
– Écartez-vous ! J'ai plus d'allonge que vous avec vos épées !
Le Félis glissa le bout ferré de son arme entre les pattes de l'araignée et la nuque du Dreshgoard, et poussa la bestiole d'un mouvement vif. La bête, surprise, tomba au sol. Meylao lui écrasa l'abdomen de son bâton.
– Beuh, fit-il, quelle saleté ! D'où est-ce qu'elle sort ?
– Il y a bien un air de famille avec la Chose que nous cherchons, mais ce n'est pas elle, répondit l'astrologue.

Le Dreshgoard mordu pâlissait à vue d'œil. Le vieil homme regarda sa plaie :
– L'araignée était venimeuse... Ne bouge pas, je vais essayer d'aspirer le poison.
L'astrologue retira quelques gouttes de sang de la blessure, sans grande conviction.
– Trop tard... Le venin s'est déjà diffusé dans ton corps. Je suis désolé, je n'ai rien pour te soigner.
– Attendez ! fit Meylao en fouillant dans ses poches. Prenez ces herbes. Mâchez-les, et mettez-les sur votre plaie. Ce n'est pas un remède très puissant mais ça nous laissera le temps de trouver autre chose.
Le Dreshgoard sourit faiblement :
– Merci ! Et maintenant, continuez sans moi ! Je suis incapable de vous suivre... Je vais manger et me faire un feu, pour me tenir chaud. Mon cheval veillera sur moi. Allez-y !
L'astrologue le regarda avec désarroi. Il fit coucher le cheval du blessé et l'y adossa. Puis il s'éloigna.
Grémory bondit à sa suite :
– Quoi, vous le laissez là, tout seul ? Et si on ne revient pas à temps ? Il va mourir ! Il faut l'emmener avec nous !
Le vieillard lui répondit doucement :
– Il n'est pas transportable... Et il nous ralentirait.

– C’est inhumain !
– Vous ne comprenez pas… Il a fait son choix pour que nous réussissions notre mission. Aller contre sa volonté serait le déshonorer ; telles sont nos coutumes. Se sacrifier pour les siens est l’une des choses les plus nobles qu’un Dreshgoard puisse faire…
– Mais…
Meylao intervint :
– J’ai confiance dans mes herbes, Grémory… Nous reviendrons à temps si nous faisons vite.
– Tu es sûr ?
– Oui. Viens ! S’il reste éveillé, il a une chance.
Grémory maugréa en talonnant son cheval. Ils étaient en route depuis quelque temps déjà lorsque les fourrés autour d’eux s’agitèrent violemment.
– Les araignées ! Il y en a plein ! s’exclama Itzvan.
Une foule d’araignées semblables à la première cernait le groupe. Dans l’affolement général, quelques-unes furent écrasées par les sabots des chevaux terrorisés. Les cavaliers maîtrisèrent leurs montures comme ils le purent, et le combat commença. Tous avaient en tête l’image du Dreshgoard blessé, et chacun prenait grand soin de ne pas être mordu. Grémory jouait de l’épée, l’astrologue du fouet, Itzvan lançait sa fronde à tout-va ; Meylao, qui était à pied, eut

toutes les peines du monde à tenir les bêtes à distance. Elles étaient faciles à détruire, mais il en venait de partout en un flot continu. Tous eurent fort à faire, la bataille était épuisante, car il fallait toujours surveiller ses arrières. Le sol fut bientôt jonché de cadavres d'araignées, dont le sang blanc avait éclaboussé tout le monde.

Chapitre 7

Grémory et les autres désespéraient de venir à bout de cet essaim, qui semblait inépuisable. Les araignées se glissaient entre les fougères, tombaient des arbres, sautaient sur les chevaux… Pas un instant de répit ! Ils s'essoufflaient à mesure que le temps passait. Finalement, alors que le jour commençait à décliner, le flot des bêtes venimeuses cessa. Les combattants regardèrent alentour, et poussèrent un soupir de soulagement.

– Nous sommes sans doute tombés dans une embuscade de la Chose, déclara l'astrologue … Ces araignées monstrueuses devaient être ses petits, je ne vois pas d'autre explication.

– C'est exactement ce que je me disais, intervint Itzvan.

Grémory regarda le ciel :

– La nuit tombe. Ce n'est pas de chance ! Ce combat nous a beaucoup retardés. Je propose que nous montions le camps pour… Aouh !

Tous se retournèrent au cri de la jeune fille. Une dernière araignée avait sauté sur elle et l'avait mordue au visage.
– Oh non ! s'écria Itzvan.
Le bâton de Meylao délivra aussitôt Grémory, tuant la bête, mais il était trop tard : sa joue était enflée, et deux petits trous y suintaient.
Itzvan retint un juron et se précipita vers son amie :
– Vite, Meylao, tes herbes !
Grémory, encore sous le choc de la surprise, posa la main sur sa joue.
– Ce n'est pas possible… Oh, je me sens bizarre… Itzvan…, fit-elle en glissant de cheval.
Elle tomba, évanouie sur le sol. Ses compagnons l'entourèrent, affolés. Meylao allait poser des herbes sur la plaie lorsqu'un événement extraordinaire se produisit : une lumière douce rayonna sous la chemise de la jeune fille, environnant toute sa personne. Meylao ouvrit le vêtement : la lumière venait du médaillon offert par le Vieille-Barbe.
– C'est incroyable ! murmura le félis.
Sous ses yeux ébahis, la joue de la jeune fille désenfla, et la plaie disparut comme par enchantement. Puis la lumière s'éteignit. La blessée battit des paupières.
– Grémory ! Tu vas bien ? demanda Itzvan, fébrile.

– Euh… Oui… Oui, ça va, je me sens mieux. Qu'est-ce que vous m'avez fait ? fit la jeune fille en se redressant.
– Ce n'est pas nous, expliqua Meylao. C'est le cadeau de Manteau-de-Pluie qui t'a guérie. Il s'est illuminé, ta blessure est partie, et… et voilà.
Grémory saisit le pendentif attaché à son cou :
– Ça alors ! Il m'avait dit que ce médaillon me donnerait un peu de sa force. C'est tout. Quelqu'un y comprend quelque chose ?
Un silence lui répondit. L'astrologue s'approcha d'elle et regarda le bijou :
– Ce Manteau-de-Pluie, qui est-ce ? Je n'avais jamais vu ce genre de magie.
– C'est une longue histoire, dit la jeune fille. Si on montait le camp avant que le soleil ne soit complètement couché ? Je vous promets que je vous raconterai tout ensuite.
– Très bien. Mettons-nous au travail.

Une heure plus tard, deux grandes bâches avaient été attachées à des arbres, et un petit feu crépitait à côté. Quand chacun eut sorti ses vivres et s'y fut attaqué à belles dents, l'astrologue s'adressa à Grémory :
– Alors ? Vous m'aviez promis une histoire…

Grémory raconta alors la rencontre avec ses deux amis, son premier combat contre les Choses de l'Autre Côté et l'intervention de Manteau-de-Pluie. Le Dreshgoard resta pendu à ses lèvres tout au long du récit, il arrêta même de manger. Lorsque Grémory eut terminé, il avait l'air très impressionné.
– Je savais bien que vous n'étiez pas des personnes ordinaires, tous les trois ! s'écria le vieil homme. Les dragons se sont penchés sur vous à votre naissance, c'est évident ! Les étoiles l'ont certainement annoncé, même si personne chez vous ne l'a vu !
Grémory haussa les épaules :
– Oh, ça, je n'en sais rien… Moi, je crois à la bénédiction de l'Arbre-Père. C'est bien assez.
Itzvan demanda :
– Au fait, vous parlez plus des dragons et de vos étoiles que de l'Arbre… Pourquoi ? C'est tout de même l'Arbre, le créateur du monde ! C'est lui le plus important, non ?
L'astrologue sourit :
– Eh bien, c'est à moi de raconter une histoire, on dirait… Nous, les Dreshgoards, nous ne nions pas l'importance de l'Arbre-Père, loin de là… Mais il est tombé depuis si longtemps ! Il est mort, même si sa présence se sent toujours un peu partout dans le monde

d'Erevent. Nous ne l'avons pas oublié, rassurez-vous, nous avons juste appris à vivre sans lui. Nous nous adressons à des créatures qui sont encore vivantes, elles, et qui sont sans doute aussi vieilles que lui : les dragons. Les légendes que chacun connaît racontent que les dragons vivaient dans le ramage de l'Arbre, un peu comme les oiseaux… Mais pour nous, lorsqu'il y a eu cette tempête terrible qui a abattu l'Arbre et ouvert la brèche vers l'Autre Côté, les dragons se sont envolés. Ils se sont servis du vent pour se protéger, et ils ont craché leur feu sur les Choses de l'Autre Côté. Eux aussi, ils ont combattu. Et quand les enfants de l'Arbre – nous, les humains, ou les félis, ou encore les trolls – se sont lancés dans le combat, les dragons se sont retirés. Parce que, en continuant à cracher leurs flammes, ils risquaient de tuer ces nouvelles créatures en même temps que des Choses… Et ils ne le désiraient pas. Alors, ils sont partis très haut dans le ciel. Ils sont partis si haut qu'on ne les voit plus distinctement. Ils crachent toujours leur feu, et cela fait des petites lumières dans la nuit : les étoiles. Mais, en abandonnant la terre, les dragons n'ont pas voulu nous abandonner, nous, les enfants de l'Arbre. Alors, ils ont imaginé un moyen de nous parler, pour nous aider un peu tous les jours. Vous

savez, les dragons sont des êtres très anciens, et leur sagesse est immense. L'avenir n'a pas de secret pour eux. Alors, pour nous rendre service, ils nous révèlent cet avenir en bougeant dans le ciel. Pour qui connaît leur langage, le message est clair. Seulement, c'est un langage très compliqué, et parfois certains humains se trompent… Mais les dragons, eux, ils ont toujours raison. C'est à nous d'être attentifs aux signes.
Grémory soupira en levant les yeux vers le firmament :
– Quelle merveilleuse histoire… Je n'en avais jamais entendu une pareille… Oui, je suis sûre que les dragons veillent sur nous !
Elle regarda autour d'elle et sourit :
– Il y en a qui sont fatigués… J'espère que Meylao a entendu la fin avant de s'endormir ! Je crois que je vais faire comme lui.

Chapitre 8

L'aube était fraîche ; les couvertures scintillaient de rosée quand tout le monde se réveilla. Meylao se fit un devoir de préparer un petit déjeuner digne de ce nom, malgré le peu de victuailles qu'il avait sous la main. Le soleil se levait ; l'astrologue regardait le bloc d'ambre avec inquiétude, priant pour que le fil d'ombre réapparaisse. Il poussa un soupir de soulagement en constatant que la magie opérait toujours.

– Vite, lança-t-il à la cantonade, il faut partir ! À cheval !

Une dernière bouchée, et tous furent en selle. Meylao rechigna un peu, comme à son habitude, puis le groupe se mit en route. Les cavaliers, soucieux de préserver les forces de leurs montures, maintinrent l'allure au trot sur une bonne distance. Cependant, la Chose n'apparaissait toujours pas, et le fil n'en finissait pas de s'allonger. Les voyageurs durent se résoudre à passer au galop vers le milieu de la matinée. Il ne fallait pas

que le monstre prenne trop d'avance. Ils craignaient de plus en plus d'échouer lorsqu'une petite silhouette se dessina à l'horizon. Elle ressemblait à une bête avec quatre pattes et deux têtes.
– Vous croyez que c'est la Chose ? demanda Itzvan.
L'astrologue grimaça :
– Elle ne ressemblait pas à ça quand elle a fui notre camp. Mais elle a peut-être changé de forme, qui sait ? C'est une Chose puissante, ne l'oublions pas.
Grémory grogna :
– Beurk ! J'ai horreur des araignées ! Puissante ou pas, elle verra de quel bois je me chauffe ! D'ailleurs, on dirait qu'elle vient vers nous.
En effet, la créature paraissait avoir repéré le groupe, et elle marchait droit sur lui. Tout le monde talonna son cheval, et Meylao fit de son mieux pour suivre le rythme. La silhouette se précisait. Ce n'était pas un monstre à deux têtes : c'était un petit homme sur un petit cheval. Grémory ressentit une forte émotion en le reconnaissant :
– Manteau-de-Pluie ! Ça alors ! Qu'est-ce que vous faites là ?
Le Vieille-Barbe eut un bref sourire :
– Bonjour ! Moi aussi je suis content de vous voir… Je vais bien, merci…

Grémory rougit un peu :
– Oh, oui, euh, pardon… Bonjour ! Vous allez bien, alors ! Tant mieux… Je me demandais où vous étiez passé. J'ai tant à vous raconter ! Et puis, j'ai aussi des questions, et…
Manteau-de-Pluie leva la main :
– Doucement, doucement ! Procédons dans l'ordre. Primo : je vous cherchais. Visiblement, vous allez bien, je préfère ça. Et vos compagnons aussi. Secundo : vous pourchassez une Chose de l'Autre Côté, n'est-ce pas ?
– Oui, mais…, commença Grémory.
– Alors, il faut repartir tout de suite ! s'exclama le Banni. Je vous accompagne ! Nous verrons les autres questions plus tard !
La cavalcade reprit de plus belle. Grémory se mit à la hauteur de Manteau-de-Pluie :
– Vous avez dit que vous nous cherchiez… Comment avez-vous su que…
– Le talisman que je vous avais donné… Hier soir, j'ai eu un petit malaise… J'ai senti qu'il vous avait servi. Il vous a donné un peu de ma force pour vous protéger.
– C'est vrai ! Comment est-ce possible, au fait ? Vous êtes parti sans rien m'expliquer !

– Disons qu’il y a un peu de moi à l’intérieur… Des cheveux, pour être précis ; vous avez dû les voir en l’ouvrant, non ? Et cette part de moi vous protège des Choses de l’Autre Côté, ou plutôt de leurs blessures. Bref, ce que j’ai senti m’a inquiété, car ça voulait dire que vous aviez de nouveau rencontré des Choses. Alors, j’ai simplement suivi mon instinct. Je suis immédiatement parti à Mercœuil — heureusement, je n’en étais pas très loin — , où Dame Thisbé a accepté de me recevoir en pleine nuit et m’a révélé votre mission. J’ai cherché vos traces. Très tôt ce matin, j’ai vu le nid des araignées, et un Dreshgoard, que j’ai soigné comme j’ai pu. Il a voulu rester à attendre votre retour. J’ai continué, et j’ai pris un raccourci en pariant sur votre trajet possible. C’est tout simple !
Grémory fit la moue :
– Je ne trouve pas… En tout cas, vous tombez à pic. Cette Chose est vraiment puissante… Elle a réussi à m’égarer par ses paroles.
– Dame Thisbé m’en a vaguement parlé, effectivement. Mais je crois qu’elle n’a pas tout compris.
– La Chose est rentrée dans ma tête. Et je me suis retournée contre mes amis. Votre talisman ne m’a pas protégée, là !

Le Banni resta silencieux un instant, plongé dans ses réflexions.
– Je vois… La Chose a essayé de vous posséder, tant que vous étiez à sa portée, et affaiblie par le fragment d'ambre… Mon talisman ne protège que le corps, hélas, pas l'esprit. Voilà pourquoi il n'a pu vous défendre. C'est tout… Bon ! Maintenant que vous savez à quoi vous attendre, j'espère que vous êtes prête ! Il me semble qu'on se rapproche.
En effet, l'astrologue avait fait signe à tout le monde de ralentir. Le fil d'ombre redescendait vers un point, à environ cinq cents mètres de là, sur le flanc d'une petite colline. Les chevaux furent laissés à l'abri d'un bosquet, et chacun sortit son arme. Le groupe contourna la colline pour surprendre le monstre. Le cœur de Grémory battait à tout rompre à mesure qu'elle se rapprochait. Bientôt, tous aperçurent une silhouette immobile, allongée au milieu des hautes herbes. Ils se préparèrent à l'assaut.
Hélas ! Le Dreshgoard qui avait été possédé par la Chose gisait au sol, le corps déchiqueté. Le fil d'ombre s'évanouissait au-dessus de lui. L'astrologue palpa son visage :
– Trop tard… La Chose est partie de lui et l'a laissé mourir. Comme le fil s'arrête là, impossible de savoir

où elle est passée. Je ne sais pas comment elle a fait, mais elle a réussi à tromper la pierre-prison. De toute façon, c'était le dernier jour où il devait être visible.
Grémory se tourna vers le Banni.
– Et maintenant ? Que faire ? Comment la retrouver ?
Manteau-de-Pluie secoua la tête :
– Cette Chose est vraiment intelligente… C'est très inquiétant. Il y avait très longtemps que je n'en avais pas chassé une pareille. Ça va être difficile. Il faut s'armer de patience… et être plus rusé qu'elle. Voyons… Si je me fie aux araignées monstrueuses que vous avez rencontrées dans le bois, et qui sont sans doute ses petits, je pense que sa forme originelle est celle d'une araignée, même si elle peut se cacher dans un autre corps.
Les trois amis et le vieil astrologue hochèrent la tête, et racontèrent en peu de mots la façon dont la Chose s'était libérée de sa prison en ambre. Ils décrivirent l'aspect qu'elle avait eu momentanément. Le Banni les écouta attentivement, puis il reprit :
– Peut-être a-t-elle laissé des traces autour du corps quand elle l'a quitté… Cherchez bien, tous !
Chacun rangea ses armes et se mit en quête d'une piste. Hélas, personne ne trouvait le moindre élément évoquant l'empreinte d'une patte d'araignée… Le

jour tirait à sa fin, et les recherches n'avançaient pas. Manteau-de-Pluie s'adressa au vieux nomade :
– Votre blessé vous attend… Il faut s'occuper de lui sans tarder, ou il va mourir. Si vous partez maintenant, avec une bonne allure, vous le trouverez avant que la nuit ne soit complètement noire.
– Mais nous devons détruire la Chose ! protesta l'astrologue.
– Nous nous en chargerons. En revanche, j'ai une mission pour vous. Enfin, si ce que je pense est exact. Dites-moi, y a-t-il d'autres « prisons » comme celle-ci parmi votre peuple ?
– Oui, un certain nombre…
– Très bien. Je voudrais que vous demandiez à tous les clans dreshgoards de faire parvenir ces gemmes à la forteresse des Vieilles-Barbes. Les plus anciens des miens sauront comment tuer les Choses qui sont à l'intérieur.
– Vous croyez ?
– Ils sont plus vieux et plus sages que vous ne l'imaginez… S'il vous plaît, accordez-moi votre confiance ! Il faut détruire le plus grand nombre possible de Choses, sinon nous serons submergés… et morts, très bientôt. Ferez-vous ce que je vous demande ?
L'astrologue resta pensif quelques instants, partagé

entre son orgueil, qui lui disait de continuer à chasser la Chose malgré son âge, et sa raison, qui lui conseillait d'accepter la mission du Banni. Il baissa la tête :
– Je le ferai.

Chapitre 9

Itzvan alluma un feu et fabriqua quelques torches de fortune. Ils continuèrent les recherches ; en vain. Le Vieille-Barbe finit par s'arrêter.

– Il faut nous rendre à l'évidence, nous n'arriverons à rien maintenant. Même avec les torches, nous n'y voyons pas assez… C'est désespérant, il n'y a aucune piste…

Il tapa du pied de dépit. Les trois amis se regardèrent, désappointés. Meylao murmura :

– Bah… Moi, je vois bien la nuit, pourvu qu'il y ait une petite source de lumière. Mais vous autres, bien sûr… J'ai aperçu quelques traces, celles d'un félis… Un gros, qui est passé il n'y a pas longtemps. Il est discret, c'est pour cela que je ne l'ai pas repéré tout de suite. En tout cas, ce n'est pas une araignée, ça…

Manteau-de-Pluie maugréa :

– Mouais… Des traces de félis dans le coin, ça ne nous apporte rien.
Alors que tous les autres ruminaient leur impuissance, le visage d'Itzvan s'éclaira :
– Une petite minute ! Et si… Dites, la Chose a possédé un humain ! Mais si elle l'a laissé derrière elle, c'est peut-être parce qu'elle s'est emparée de quelqu'un d'autre ! Un félis, par exemple ! Manteau-de-Pluie ! C'est possible, ça ?
Le Vieille-Barbe s'immobilisa :
– Bon sang, mais oui ! C'est logique ! Ah, crénom, Meylao, vous ne pouviez pas le dire plus tôt ?
Meylao sursauta :
– Mais, mais… Je ne me doutais pas… Enfin, comment aurais-je su… Et d'abord, je ne suis pas un professionnel de la chasse aux monstres, moi ! Vous auriez pu penser que la Chose posséderait quelqu'un d'autre pour s'enfuir ! C'est vous, le spécialiste, après tout !
Le Banni portait toujours son masque de cuir, mais chacun sentit qu'il retenait à grand-peine sa colère. Le petit homme inspira fortement avant de parler. Tout le monde s'attendait à des vociférations ; mais il n'en fut rien. Manteau-de-Pluie parla très doucement, avec une pointe de tristesse dans la voix :

– Je suis vieux. Alors, je connais beaucoup de choses. Mais il y a aussi des inconvénients à l'âge. La preuve… Il y a quelques centaines d'années, j'aurais sans doute raisonné comme Itzvan. Mais je n'ai plus l'esprit aussi alerte, hélas... Et tous les Vieilles-Barbes ont le même problème. Nous dépérissons, que voulez-vous… C'est bien pour ça que mon peuple cherche de l'aide auprès des autres enfants de l'Arbre ; c'est pour ça que j'ai besoin de vous pour détruire les Choses.
Un silence gêné lui répondit.
– Bon, reprit-il avec plus d'entrain, montrez-nous donc ces traces de félis.
Meylao désigna un coin, où il voyait distinctement les empreintes. Mais il n'en était pas de même pour les trois autres. Manteau-de-Pluie conclut :
– Arrêtons-nous là. Maintenant que nous avons une piste, il nous reste une chance. Nous partirons tôt demain matin. Meylao, vous irez en tête, nous vous suivrons. Et nous mangerons en marchant, nous ne ferons pas de pause. Comme cela, nous rattraperons un peu de notre retard. Couchons-nous, la journée a été longue.

Ils se mirent en route à l'aube suivante, sans avoir mangé. Meylao retrouva les empreintes parmi les herbes, et il les commentait en chemin :

– C'est un gros félis… Il pèse très lourd, vu la profondeur de ses traces… et ses griffes sont de bonne taille, mais pas très bien entretenues. Un félis sauvage, bien sûr. Il n'y a qu'eux pour être aussi négligents !
Meylao, qui avançait avec précaution, sursauta :
– Là ! Une touffe de poils !
Il les renifla, puis continua à suivre la trace tout en parlant.
– Oui, c'est bien ce que je pensais : un mâle. Vieux. Il devait traîner dans le coin parce qu'un plus jeune lui a pris son territoire par la force… C'est comme ça, chez les félis sauvages. Aucun respect de la propriété privée. Oh, misère ! Étant donné la couleur et la texture de ces poils, ça doit être un Dents-de-Sabre. J'aurais préféré un autre type de félis…
– Pourquoi ? demanda Grémory.
– Les Dents-de-Sabre sont les plus grands et les plus dangereux des Félis. Ils mesurent plus de deux mètres, et ils ont les canines supérieures très longues, qui dépassent de leur mâchoire. Ce sont des vrais rasoirs, il ne faut pas s'y frotter.
– La Chose a pris un hôte de choix, on dirait…, fit Itzvan. Je me demande où elle a décidé d'aller…
– Eh bien, fit Meylao en regardant au loin, la piste nous mène droit vers le tepuy.

Les tepuys étaient ces sortes de hautes montagnes ressemblant à des tubes pleins, qui sortaient du sol presque à la verticale et montaient vers le ciel pour se perdre parmi les nuages. À leur pied s'étendait une forêt trop dense pour permettre aux humains de s'y installer, et leurs flancs, quasiment à pic, étaient faits d'une pierre très dure et stérile. Enfin, leur sommet, perdu au milieu des nuages, était très humide, froid, et portait une végétation spongieuse, pleine de mousses et de lichens, qui se répandait sur des marais.
Meylao désigna celui qui apparaissait vers l'ouest, et que l'on pouvait même apercevoir de Mercœuil, tant il était imposant. Itzvan déclara :
– Tu as sans doute raison… Le fil d'ombre semblait se diriger vers cette montagne. Nous n'en sommes plus si loin. À ton avis, ce Dents-de-Sabre pourrait y être en combien de temps, en courant bien ?
Meylao haussa les épaules :
– Deux ou trois jours, s'il ne dort pas beaucoup.
– Si la Chose est vraiment partie se cacher là-bas, ça va être encore plus dur que je ne l'imaginais…, murmura Manteau-de-Pluie.
– En plus, nous risquons de nous jeter dans la gueule du loup. Les tepuys sont les territoires des félis sauvages, expliqua Meylao. Aucune autre créature n'est

censée venir là-bas. Bien sûr, tout dépend du genre de félis qui habitent celui-ci. Si ce sont des Longues Oreilles, par exemple, ça ira… Ils sont plutôt pacifiques. Mais les Dents-de-Sabre, ou les Tigrés… Ouille-ouille-ouille ! Si nous tombons dessus, pour peu qu'ils soient de mauvaise humeur, ils ne feront pas de quartier. Même moi, un félis, je ne suis pas sûr qu'ils me laisseront en vie.
– Nous devons pourtant y aller ! intervint Grémory. Nous avons une mission. Il faut suivre cette piste, c'est la seule chance qui nous reste. Allez ! Faites confiance à l'Arbre… et aux dragons !

Meylao repartit sur les traces, les autres à sa suite. Tout indiquait que le Chétif avait raison, les empreintes menaient inexorablement vers l'étrange montagne. Le groupe accéléra, priant pour que cette piste fût la bonne. La nuit rendait la progression difficile, forçant les voyageurs à faire une pause. Deux jours passèrent ainsi. Au soir du troisième, ils étaient arrivés à l'orée de la forêt, au pied de la montagne.

Chapitre 10

– Alors, Meylao ? D'après toi, quel retard avons-nous sur lui ? demanda Grémory, alors que le félis était penché sur la carcasse d'un animal.

– Nous ne devons pas avoir plus d'une journée, maintenant. Je pense que le Dents-de-Sabre n'a pas mangé depuis que la Chose est entrée en lui. Alors, il s'est arrêté pour chasser, et ça l'a beaucoup ralenti. Nous avons de la chance. Mais je vous préviens : je n'ai pas du tout l'habitude des forêts aussi denses que celle-ci. L'odeur que je suivais se perd un peu au milieu de toutes ces plantes qui sentent si fort.

Les bois étaient si touffus que le petit groupe avait dû se résoudre à abandonner les chevaux. En s'enfonçant dans la forêt, les voyageurs avaient découvert les restes d'un repas du félis sauvage. Ils remerciaient le ciel d'avoir fait cette trouvaille, non seulement parce que le Dents-de-Sabre avait pris du retard en mangeant, mais aussi parce que la dépouille de sa victime avait été ficelée dans une espèce de fil de soie blanc, comme la proie d'une araignée… et cela confirmait les suppositions d'Itzvan. Le moral, qui avait baissé pendant ces deux jours passés à pister, était de nouveau au beau fixe.

– J'ai toute confiance en toi, Meylao ! assura Grémory au félis. Je suis certaine que nous allons le rattraper, il va finir par s'arrêter de courir. Il doit se diriger vers un endroit précis.

– Oui, fit Manteau-de-Pluie, et c'est bien ça qui m'inquiète. Où la Chose veut-elle aller ? Elle est douée d'une intelligence peu courante pour son espèce. Elle sait se cacher, dominer les autres… Elle a certainement un but. Mais je n'arrive pas à deviner lequel.

– Nous le saurons, tôt ou tard. En route ! lança Grémory d'un ton guilleret.

La forêt autour d'eux était de plus en plus luxuriante, et la progression se révéla difficile. Les fougères dépassaient les poursuivants d'au moins une tête, empêchant de voir la suite du chemin, les racines des arbres qui affleuraient au sol les faisaient trébucher, les branches basses risquaient de les assommer à chaque instant… Enfin, de nombreux oiseaux vole-

taient et piaillaient à tout va dès que les voyageurs s'approchaient, faisant un vacarme assourdissant.
Meylao usait de tout son art pour continuer à chercher au milieu de cette nature exubérante. Cependant, le lendemain, il dut se rendre à l'évidence : il avait perdu la piste. Pourtant, la forêt alentour était moins dense : le flanc rocailleux de la montagne se rapprochait, et le sol, plus dur, empêchait bon nombre de plantes et de créatures de s'y développer. Mais les traces avaient bel et bien disparu.
Meylao était confus, Grémory pestait, Itzvan réfléchissait, et Manteau-de-Pluie tapotait nerveusement sa hache. Soudain, ils entendirent des pas feutrés. Avant qu'ils aient pu réagir, une femme d'âge mûr, portant un panier rempli de baies sauvages, s'était approchée d'eux.
– Que faites-vous là ? demanda-t-elle avec un doux sourire. Vous semblez égarés …
– Et vous ? Qui êtes-vous ? rétorqua Grémory, sur le qui-vive.
– Je m'appelle Sabadilla, et j'habite un peu plus haut. Mais vous ne m'avez pas répondu. Vous avez perdu votre chemin ?
Meylao sourit piteusement :
– En quelque sorte, oui.

– Alors, venez si vous voulez. Le soir va bientôt arriver, vous pourrez dormir chez moi…
Meylao s'inclina respectueusement. La femme le regarda, amusée, et invita le petit groupe à la suivre.
– Vous êtes très hospitalière, madame…, fit Meylao tout en marchant.
– Vous n'avez pas peur ? Et si on vous voulait du mal, hein ? demanda Grémory.
La femme continua de sourire :
– Je me dois d'aider toutes les créatures, comme les autres habitants de mon village. Nous ne faisons de mal à personne, alors pourquoi serions-nous en danger ? Si nous respectons autrui, autrui nous respectera aussi. C'est simple.
Manteau-de-Pluie fronça les sourcils sans rien dire ; Itzvan, lui, demanda, étonné :
– Il y a un village ici ? Je croyais que personne ne pouvait habiter dans le coin, à part les félis sauvages…
– Oh, les Félis vivent presque au sommet du tepuy ! Mon village est près d'ici.
– Mais les Félis sont dangereux ! Ils ne vous attaquent jamais ?
– Non. Nous vivons tous en paix. Il y a très longtemps, les fondateurs de mon village leur ont prouvé qu'ils étaient de bons voisins, et ils ont passé des

accords avec eux. Il est même déjà arrivé que des félis habitent avec nous, de temps en temps…
Meylao intervint :
– Dites-moi… Quels sont les félis qui vivent là-haut ?
– Des Dents-de-Sabre.
Le Chétif et ses amis sursautèrent violemment :
– Et vous êtes en paix avec eux ? C'est incroyable ! Comment faites-vous ?
– Nous les respectons, c'est tout… Voilà, nous sommes arrivés !

Les quatre aventuriers ouvrirent des yeux ébahis. Devant eux se trouvait une kyrielle de cabanes agencées sur le flanc de la montagne, parmi les sapins. La pente était très raide, et tout semblait tenir par magie. Des gens allaient et venaient sur des passerelles de fortune en bois, attachées aux arbres proches des demeures, sans se soucier du vide sous leurs pieds. D'autres se hissaient grâce à des systèmes de contrepoids ou à des cordes accrochées aux branches. Il y avait des humains de toutes sortes qui, étrangement, semblaient ne pas avoir les mêmes origines.
– Ça alors… souffla Grémory, abasourdie. Mais qui êtes-vous, tous, pour vouloir vivre là ? La forêt est si inhospitalière, et je ne parle pas de cette pente… Il

n'y a que les sapins qui peuvent y pousser ! Pas moyen de cultiver des champs, ni d'élever des troupeaux… Sabadilla guida les nouveaux venus vers une échelle de cordes et y grimpa pour arriver sur un pont de planches.

– Alors, vous venez ? Ne craignez rien, c'est très solide. Tenez-vous au cordage, ne regardez pas en bas, et tout ira bien.

Les quatre amis s'exécutèrent. Seules quelques personnes leur prêtèrent attention, les regardant avec un mélange de crainte et de gêne… C'est Manteau-de-Pluie qui parut les intriguer le plus. Sabadilla entra dans une petite maison en rondins au mobilier très sommaire.

– Vous devez avoir soif… Je vais faire chauffer de l'eau.

Un trou était aménagé dans le centre du toit pour évacuer la fumée du foyer qui se trouvait au milieu de la maisonnette. La femme suspendit un petit chaudron en métal au-dessus du feu.

Itzvan regardait tout autour de lui tout en posant des questions à la vieille femme. Les voyageurs apprirent alors comment cette cité avait été fondée dans un endroit aussi difficile à vivre. Les gens habitant là étaient surnommés les « reclus » par ceux qui connaissaient leur existence. C'étaient tous des humains, issus de peuplades différentes, et qui, pour des raisons diverses, avaient tous quitté leur village, leur clan, leur famille… et ne voulaient plus y avoir affaire. Au début, il y avait des générations de cela, les fondateurs du refuge n'étaient qu'une poignée. Ils étaient devenus amis et avaient décidé de vivre ensemble, loin de toute autre civilisation. Ils ont trouvé cet endroit inaccessible et s'y sont installés. Puis d'autres personnes ont entendu parler de ce lieu et y sont arrivées. Au fur et à mesure des ans, il y a eu de plus en plus de monde, au point de former une vraie petite ville. À l'intérieur, chacun est très libre, la règle principale étant de respecter les autres et de refuser toute forme de violence.

– Et vous n'avez vraiment aucun problème avec les Dents-de-Sabre ? demanda Itzvan, un peu sceptique.

Sabadilla parut troublée.

– Non, je vous assure… Nous honorons toujours les accords de nos fondateurs, tout simplement. Mais… et vous ? Vous ne m'avez pas dit pourquoi vous êtes arrivés jusqu'ici. Vous ne ressemblez pas à des gens qui aspirent à vivre en paix, avec toutes vos armes…

Chapitre 11

– Nous ne sommes pas venus pour habiter ici. Comme vous l'avez deviné, nous nous sommes un peu perdus…, répondit Grémory.
Elle sentait que donner tout de suite la vraie raison de leur présence aurait été trop brutal pour un peuple aussi peu habitué à la guerre. Il fallait trouver la bonne amorce, mais Grémory n'était pas très habile à cela. Elle espérait que les autres s'en chargeraient.
Sabadilla leur servit une infusion de plantes. Elle ne fit aucune réflexion sur l'explication de Grémory, mais les quatre amis comprirent qu'elle se posait des questions, et que leur présence risquait de troubler la vie du village. Les habitants avaient choisi une existence pacifique, et l'arrivée de guerriers ne pouvait que les gêner.
Alors que chacun sirotait sa tisane, un homme aux cheveux grisonnants entra dans la maisonnette.

– Sabadilla, je voudrais te parler, dit-il en invitant la femme à sortir.
Cette dernière s'exécuta sans mot dire, la mine embarrassée. Les visiteurs se regardèrent, devinant le problème. Ils attendirent le retour de leur hôte. Elle baissait la tête, visiblement peinée. L'homme qui l'accompagnait prit la parole :
– Je sais que Sabadilla vous a proposé de vous héberger, c'est un signe de sa bonté naturelle, elle n'a pas pensé à mal. Mais elle ne vous a pas précisé les règles de notre communauté. Nous sommes pacifiques, et, à ce titre, aucune arme n'est tolérée dans l'enceinte du village. Je vous demanderai donc de laisser les vôtres à l'extérieur.
Grémory écarquilla les yeux :
– Laisser mon épée dehors ? Comme ça, sans surveillance ? Mais on pourrait me la voler !
L'homme s'étonna à son tour :
– Qui voudrait vous la voler ? Vous êtes dans un village qui a horreur des armes…
Grémory ne put cacher son énervement :
– Et les Dents-de-Sabre, alors ?
L'homme fronça les sourcils et dévisagea longuement la jeune fille. Celle-ci se rendit soudain compte que pour ce village les Dents-de-Sabre étaient de bons

voisins, paisibles eux aussi. Les humains habitant là ne pouvaient pas comprendre la réflexion qu'elle venait de faire. Le rouge lui monta aux joues. L'homme s'aperçut de son trouble :
– Mais pourquoi êtes-vous là, à la fin ?
– Parce qu'un Dent-de-Sabre est possédé par une Chose de l'Autre Côté ! Voilà !
Grémory raconta d'une traite toute l'histoire de la prison d'ambre à l'homme et à Sabadilla, qui la regardaient, médusés. Lorsqu'elle eut fini, l'homme prit la parole :
– C'est totalement fou ! Je ne vous crois pas. Les Choses de l'Autre Côté ont disparu. Vous êtes là pour nous empêcher de vivre en paix, pour nous entraîner dans je ne sais quelle guerre entre humains… Je connais les gens de votre espèce, toujours prêts à pousser les autres à s'entre-tuer ! C'est pour cela que j'ai quitté mon peuple.
Grémory protesta, outrée :
– Mais non ! Ce n'est pas ça du tout ! Je dis la vérité !
– Même si c'était le cas, je ne vois pas pourquoi vous devriez garder vos armes ici. Ce Dents-de-Sabre possédé n'a aucun intérêt à venir dans notre village. Vous ne risquez rien chez nous.
– Mais si ! Les Choses sont imprévisibles ! On ne sait jamais, si…

– Cela suffit, maintenant ! J'en ai assez entendu, et je vous prie de ne pas vous attarder parmi nous. Si vous refusez toujours de laisser vos armes dehors, alors nous ne pouvons vous accepter. J'en suis désolé, mais les règles de notre village sont ce qu'elles sont. Et puis, vos histoires sont de nature à semer le trouble parmi nos frères et sœurs, et je ne souhaite pas cela. Il est si difficile de vivre en harmonie…
Grémory soupira d'exaspération. Manteau-de-Pluie leva la main pour rassurer l'homme et Sabadilla :
– Nous comprenons, ne vous inquiétez pas. Nous allons partir ; nous dresserons un campement à l'extérieur de votre village. Nous vous remercions de votre hospitalité.

Les quatre amis durent accepter du pain et des fruits de Sabadilla, qui ne savait comment leur faire oublier cette houleuse discussion. Elle insista même pour les aider à trouver un bon site, plus haut dans la forêt, et les accompagna hors du village. Ils dénichèrent une sorte de corniche naturelle entre les sapins, et tendirent leurs bâches. Sabadilla les quitta à regret, alors qu'un petit feu les réchauffait, en ce début de nuit.
Meylao attendit que la femme se fût suffisamment éloignée avant de parler :

– Ils sont fous de rester sans défense, avec des Dents-de-Sabre aussi près.
– Bah, fit Grémory, ils sont assez nombreux, et toujours en vie. C'est donc que les Dents-de-Sabre ne sont pas si terribles…
– Oh, je n'en dirais pas tant, tout de même, rétorqua Meylao. Les Dents-de-Sabre ne sont peut-être pas agressifs envers ce village, mais si nous nous trouvons sur leur chemin, ce ne sera pas pareil…
– Pourtant, nous n'avons pas le choix, déclara Manteau-de-Pluie. Si nous voulons retrouver la Chose, il va falloir aller se renseigner auprès de ces félis sauvages. Peut-être qu'ils connaissaient son hôte. Ou qu'ils l'ont vu ces derniers jours sans se rendre compte qu'il était possédé, on ne sait jamais…
Meylao intervint :
– Je ne voudrais pas paraître défaitiste, mais, vous savez, entre ces grosses brutes, on ne se parle pas beaucoup ! On s'évite, même. Et si on se croise, on se tape dessus, sauf à la saison des amours… Alors, il y a peu de chances pour que les Dents-de-Sabre nous donnent une piste. Et si la Chose rencontre un de ces félis, je pense qu'elle va le réduire en miettes. Nous nous préparons des jours difficiles, croyez-moi. Ah, conclut le Chétif en s'étirant, j'ai envie de dormir rien que d'y penser.

Il était tard. Chacun s'enroula dans sa couverture pendant que le feu mourait doucement. La nuit ne fut pas reposante pour Grémory, Itzvan et Meylao. Un rêve atroce accapara leur sommeil jusqu'à l'aube. Ils étaient tous les trois ligotés à un arbre, en hauteur, incapables de se détacher. Sous leurs yeux horrifiés, une meute d'énormes félins aux canines proéminentes ravageaient le village, livraient la chasse aux habitants sans leur laisser aucune chance, et s'amusaient cruellement avec eux avant de leur donner le coup de grâce. Les maisons brûlaient, et le feu se propageait dans la forêt. Soudain, un Dent-de-Sabre au pelage complètement blanc et aux yeux rouges se dressa au centre du village. Il écarta les bras en signe de triomphe, et un rire atroce retentit. Les trois amis eurent l'impression qu'il les regardait, et la voix familière de la Chose sortit de ses mâchoires ensanglantées.
– Regardez, faibles créatures ! Je me nomme Katlato-Srkra, et rien ne résiste à ma puissance ! Tremblez, et soumettez-vous à moi… ou mourez !

L'aube était à peine levée lorsque Grémory et les deux autres se réveillèrent en sursaut. La voix résonnait toujours dans leur tête, et une forte odeur de fumée remplissait leurs narines. Le feu avait bel et bien pris dans la forêt ; il fallait partir d'urgence ! Ils secouèrent Manteau-de-Pluie, et ils rassemblèrent leurs affaires à toute vitesse. Grémory ajustait la dernière boucle de sa chaussure quand un appel au secours se fit entendre en contrebas de la corniche. Sabadilla surgit, haletante ; elle s'effondra en arrivant, épuisée et gravement brûlée. Tous se précipitèrent vers elle.

– Les Dents-de-Sabre…, haleta-t-elle, à bout de souffle. Ils sont devenus fous ! Tout le monde est mort… J'ai pu me cacher… attendre qu'ils partent… Ils ont un chef… C'est la première fois… Et ils ont dit… qu'ils allaient tuer tous les humains qui s'opposeraient à eux… Et surtout les Dreshgoards… pour se venger… d'une malédiction… Veulent aller… au désert du nord… Pourquoi ? Pourquoi tout ça ?

La pauvre femme hoquetait de chagrin. Elle éclata en sanglots. Elle gémit sous la douleur de ses brûlures, ravivée par le sel de ses larmes.

– Meylao, fais quelque chose ! s'écria Grémory, catastrophée, en entourant Sabadilla de ses bras.

Le Chétif fouilla ses poches et secoua la tête avec tristesse :

– Je n'ai rien pour des brûlures pareilles… Elles sont trop importantes. C'est même un miracle qu'elle soit encore en vie !

Les pleurs de la femme s'arrêtèrent soudain. Elle ferma les yeux, et son cou se relâcha. Meylao murmura :

– Oui, ça aurait été un miracle de survivre à ça... Nous ne pouvons plus rien pour elle, maintenant...

Grémory hurla de rage, en serrant Sabadilla dans ses bras. Manteau-de-Pluie prit l'épaule de la jeune fille.

– Nous ne devons pas rester ici ! Le feu avance. Viens. Il faut partir.

– Non ! Ce n'est pas juste ! s'exclama Grémory. Il faut l'enterrer... Il faut... Elle était si gentille...

Itzvan, la voix tremblotante, enlaça son amie :

– On n'a pas le temps ! Viens, je t'en prie, sinon nous aussi, on va mourir. Nous la vengerons ; mais pour ça il faut qu'on s'en aille tout de suite. Vers le nord ; elle a dit que les Dents-de-Sabre sont partis par là. Allez...

La jeune fille se releva à contrecœur et suivit ses amis. Ils partirent en courant, et bifurquèrent afin de quitter la forêt de sapins en flammes. Une fois à bonne distance, ils marchèrent sans discontinuer jusqu'au soir, en silence, tous choqués par la mort si atroce de leur hôte.

Chapitre 12

– Allons, il faut manger, dit Manteau-de-Pluie.

Itzvan et Grémory n'avaient pas touché à leur repas, et le fixaient sans vraiment le regarder.

– Pas faim..., fit la jeune fille. Tout ça m'écœure, c'est trop horrible ! Massacrer un village entier... Ah, si j'avais ce monstre sous la main ! marmonna-t-elle en serrant le poing.

Manteau-de-Pluie eut un bref sourire, chose rare :

– Oh, ne t'inquiète pas... Je suis sûr que ça viendra.

– On a du pain sur la planche, déclara Itzvan, aussi remonté que son amie. Sabadilla nous a dit que les Dents-de-Sabre avaient un chef. Je pense que vous avez rêvé comme moi du village, la nuit dernière !

Manteau-de-Pluie ouvrit des yeux ronds :

– Vous avez eu une autre vision tous les trois ? Vous auriez pu me le dire plus tôt ! Que vous a-t-elle révélé ?

Meylao répondit :

– Nous avons vu un Dents-de-Sabre albinos qui dirigeait l'attaque de cette espèce de meute sauvage. Nous avons entendu la Chose parler par sa bouche. Et elle a dit qu'on devait se soumettre ou qu'elle nous tuerait, qu'elle était très puissante, et, euh, elle a dit… C'était un nom bizarre ! Kla… Non, Ka-tla-to… Ah, flûte ! Ça y est, j'y suis : Katlato-Srkra ! Un nom comme ça, en tout cas. Et puis …
Manteau-de-Pluie fit un bond en ricanant :
– La Chose a donné son nom ? Ah ! L'idiote ! La pauvre idiote ! On la tient, avec ça ! La vanité, ça vous joue des tours… Oh, quelle bonne nouvelle ! Il faut qu'on parte tout de suite ! On va aller voir un Mémoire, et on saura quoi faire. Formidable !
Les trois autres se regardèrent avec étonnement.
– Vous pourriez être plus clair ? On ne va plus vers le nord ? demanda Itzvan. C'est quoi, cette histoire de mémoire ?
– C'est très simple ! répondit le Banni. Les Mémoires sont les plus anciens parmi les Vieilles-Barbes à être encore en vie. Ou plutôt dans une sorte de vie très ralentie, qu'ils mènent dans des cavernes aménagées sous des collines un peu partout dans le monde, à proximité des routes de pierre que mon peuple a construites. Les Mémoires passent la majo-

rité de leur temps à méditer, immobiles. Ce sont nos sages, si vous préférez. Mais on ne peut pas les consulter trop souvent, car chaque réveil les fatigue énormément. Cependant, ce sont eux qui en savent le plus sur le monde, qui se rappellent le mieux l'arrivée des Choses de l'Autre Côté, il y a des milliers d'années. Et les Mémoires connaissent le plus d'éléments sur les Choses elles-mêmes ! Tous les Vieilles-Barbes savent que, lorsqu'on trouve le nom d'une Chose de l'Autre Côté, on a un avantage sur elle ... Il faut le répéter à un Mémoire, et si ce dernier se rappelle ce nom, s'il lui évoque des souvenirs, des détails sur la Chose en question, alors... on apprendra comment la détruire. On part demain à l'aube ! On va rejoindre une des routes de mon peuple, et on trouvera certainement un Mémoire pas loin !

Itzvan, réconforté, tout comme Grémory et Meylao, par le plan de Manteau-de-Pluie, eut cependant une remarque :

– Il y a une chose que nous ignorons, et je ne sais pas si ce Mémoire pourra nous renseigner... Sabadilla a dit que les Dents-de-Sabre voulaient pourchasser les Dreshgoards pour se venger d'une malédiction... Ça n'a rien à voir avec les Choses de l'Autre Côté, il me

semble !
Manteau-de-Pluie haussa les épaules :
– Pas sûr, pas sûr… Attendons d'avoir vu le sage, on ne sait jamais.
Ce soir-là, tous se couchèrent de meilleure humeur. La nuit était très froide, sans nuages. L'aube n'était pas encore levée lorsque des bruits de pas furtifs réveillèrent Meylao. Il avait l'ouïe fine de son espèce ; sur le qui-vive, il feignit de dormir, tous les sens en éveil. Il ouvrit légèrement les yeux pour constater qu'Itzvan, Grémory et Manteau-de-Pluie dormaient profondément près des braises refroidies. Il renifla, et sentit les odeurs de plusieurs félis sauvages. Ils se rapprochaient à pas feutrés. La lune, qui n'était que la moitié d'elle-même cette nuit-là, n'offrait qu'une faible lumière ; aussi Meylao eut-il du mal à repérer trois ombres qui encerclaient le camp. C'étaient des Dents-de-Sabre, à en juger par leur stature, et ils ne semblaient avoir aucune arme. Cependant, leurs griffes étaient sorties. Sans plus attendre, le Chétif réveilla les autres et se jeta au-devant des agresseurs. Il inspira un grand coup.
– Debout ! À l'attaque ! Debout ! hurla Meylao en se précipitant sur le Dents-de-Sabre qui se trouvait à sa portée.
Les trois félis sauvages furent surpris, ce qui offrit

un bref avantage à Meylao. Il érafla le museau de l’un d’eux. Cependant, il reçut un coup de patte magistral, qui lui arracha un miaulement et le projeta à quelques mètres de là.
– Grémory ! Le Banni ! Debout ! Vite ! cria-t-il en se relevant.
Le Chétif vit avec soulagement que Grémory s’était emparée de son épée en un clin d’œil, et que Manteau-de-Pluie avait roulé sur le côté avec sa hache, prêt à en découdre. Itzvan, lui, prit son poignard en se frottant les yeux.
Les Dents-de-Sabre fondirent sur leurs adversaires en rugissant. Grémory para aisément, ainsi que Manteau-de-Pluie, en dépit de la nuit, qui les désavantageait tous les deux. Les félis étaient très grands, ce qui les rendait faciles à atteindre, malgré leur étonnante souplesse. Grémory blessa l’un d’eux ; il entra dans une rage folle. Il attaqua furieusement la jeune fille et, n’arrivant pas à la toucher, il changea subitement d’adversaire. Avant que Grémory n’ait pu réagir, le Dents-de-Sabre avait bondi sur Meylao. Les deux félis roulèrent au sol, avec force grognements et feulements. Le combat fut incertain pendant quelques minutes ; puis Meylao réussit à griffer la joue de son adversaire. Malheureusement, des années de vie paisible ne lui avaient pas appris à se

défendre efficacement et, en un instant, le Dents-de-Sabre lui mordit violemment le cou et lui laboura le ventre avec les pattes arrière. Grémory profita de l'inattention de la bête pour enfoncer son épée entre ses omoplates, jusqu'au cœur. Les mâchoires du Dents-de-Sabre se desserrèrent.

– Meylao ! Meylao ! Réveille-toi ! cria Grémory.

Son ami gisait au sol, inconscient, et gravement blessé à l'abdomen. La jeune fille resta interdite, une angoisse atroce lui étreignant le cœur.

– Attention ! Derrière toi ! hurla Itzvan en se précipitant sur un autre Dents-de-Sabre, qui allait attaquer par surprise.

Le nouveau félis se débarrassa du garçon d'un seul coup de patte au visage, l'assommant net. Quand Grémory se retourna, son deuxième ami était lui aussi couvert de sang. La jeune guerrière sentit la colère la gagner jusqu'au bout des cheveux. Elle fonça tel un éclair vers le Dents-de-Sabre, et lui porta une série de coups en hurlant comme une possédée. Le félis ne s'attendait pas à une telle puissance et une telle rapidité venant d'un être humain. La rage avait décuplé les forces de Grémory. Elle s'acharna sur lui, incapable de s'arrêter.

Pendant ce temps, Manteau-de-Pluie avait vaillam-

ment joué de la hache face au troisième Dents-de-Sabre, un peu gros et lent, mais au coup de pattes redoutable. Le Banni esquivait lestement, et il érafla plusieurs fois son adversaire. Le félin n'osait pas bondir sur lui : la hache lui faisait toujours obstacle au bon moment. Leur duel dura quelque temps, les adversaires étant de valeur égale. Le Vieille-Barbe finit par mettre Dents-de-Sabre hors d'état de nuire, et il attrapa le bras de la jeune fille déchaînée :
– Ça suffit ! Il est mort, tu ne vois pas ? Nettoie ton arme et occupons-nous d'Itzvan et Meylao.

Chapitre 13

Itzvan revint à lui pendant que Manteau-de-Pluie s'occupait de la plaie à sa tempe. Le vieil homme lui banda le front, après avoir nettoyé la blessure et passé un onguent.

– Bon, fit-il en tapotant l'épaule du garçon, ne t'inquiète pas, c'est superficiel… Tu t'en remettras vite. Je t'ai mis une protection pour éviter que tes cheveux se prennent dedans. Tu pourras l'enlever dans deux jours, je pense. Maintenant, viens nous aider à soigner Meylao.

Le Chétif était toujours inconscient. Les profondes entailles à son abdomen étaient très profondes. Les deux jeunes gens frémirent en les voyant ; Manteau-de-Pluie retroussa ses manches. Il tâta le museau et le cou de Meylao, puis déclara :

– Il respire ! Nous allons donc le sauver. Puisque vous êtes d'attaque tous les deux, cherchez donc de bonnes branches bien solides, et récupérez les couvertures

et la ficelle que nous avons dans notre équipement. Vous savez faire un brancard ?
Grémory acquiesça en repensant au jour où elle avait rencontré des Choses de l'Autre Côté pour la première fois. Sa gouvernante, Rodoceste, avait été grièvement blessée, et la jeune fille avait fabriqué une civière avec Itzvan et Meylao pour transporter la pauvre femme. À présent, c'était Meylao qui en avait besoin !
Les deux amis partirent en quête du matériel nécessaire, et Manteau-de-Pluie fouilla dans ses poches. Les plaies du Chétif étaient si importantes que le Banni dut se résoudre à employer du fil et une aiguille. Il procéda avec la plus grande délicatesse, soulagé que le félin soit encore évanoui. Il déchira ensuite une chemise de rechange et en fit des bandages pour entourer le buste de Meylao.
Grémory et Itzvan arrivèrent sur ces entrefaites avec une civière grossièrement montée. Ils aidèrent Manteau-de-Pluie à glisser Meylao dessus, et ils couvrirent le Chétif de la dernière couverture. Chacun des jeunes gens saisit une poignée à l'arrière, Manteau-de-Pluie se chargeant de celles de l'avant tout seul, et ils partirent vers la route des Vieilles-Barbes.
En chemin, Itzvan, qui réfléchissait sans arrêt, interrogea le Banni :

– Dites-moi, je croyais que seuls les Vieilles-Barbes avaient le droit d'utiliser ces fameuses routes de pierre taillée ?
– C'est exact. Mais il y a une exception pour les personnes d'autres espèces, si elles sont accompagnées par un Vieille-Barbe.
Itzvan hocha la tête avec satisfaction :
– Tant mieux ! Mais, tout de même, je ne comprends pas pourquoi tout le monde ne pourrait pas prendre ces routes librement ! J'en ai déjà vu une, quand je voyageais avec la caravane de ma famille, et mes parents m'ont dit qu'on risquait la mort si on l'empruntait… Est-ce vrai qu'on peut mourir pour avoir transgressé cet interdit ?
Le Banni sourit :
– Ah, on voit bien que tu es un Musard, un de ces humains nomades qui vont sur les routes là où le vent les pousse, refusant toute entrave… Eh bien, sache que ces voies en pierre sont réservées à mon peuple pour une bonne raison. Ce sont des routes doublement magiques. Tout d'abord, lorsqu'on les utilise, on se déplace plus vite sans s'en apercevoir. Les distances sont raccourcies, en quelque sorte. C'est très utile pour nos caravanes marchandes, en particulier. C'est pour elles que ces routes ont été construites, à l'époque où

les autres peuples du monde étaient tous des nomades, et ne savaient pas encore cultiver la terre correctement. Nous leur vendions ce qui leur manquait. Mais n'allez pas répéter ce que je viens de vous dire ! Ces chemins passent à côté des Mémoires en sommeil... Nous voulons les protéger de toute personne malintentionnée. Par ailleurs, un puissant magicien Vieille-Barbe a lancé un sortilège sur toutes les pierres. Si un intrus pose le pied dessus, elles s'écartent, le sol se fissure, et l'intrus est avalé par la terre. Il tombe dans la crevasse, le sol se refermant sur lui. Voilà.

Grémory eut un frisson d'horreur :

– Brrr, je n'aimerais pas mourir de la sorte ! Mais comment la route saura-t-elle que nous ne sommes pas des intrus ?

– Vous allez le voir tout de suite, fit le Vieille-Barbe. Nous arrivons sur celle qui mène vers le nord.

En effet, le petit groupe venait de gravir une colline en pente douce ; en contrebas, une large voie de pierres serpentait dans la plaine. Arrivé à son bord, le Banni fit glisser un sceau de son pouce. Il marcha un peu le long de la route, et s'arrêta devant une dalle précise. Il y posa la face de la bague et marmonna quelque chose que les jeunes gens ne comprirent pas. Le Banni se redressa et revint pour reprendre les poignées de la civière.

– Vite, le sortilège ne dure pas !
Grémory et Itzvan, un peu inquiets, posèrent les pieds là où Manteau-de-Pluie le leur indiquait. Une fois bien engagés sur la route, ils poussèrent tous deux un soupir de soulagement.
– Vous voyez, dit le Vieille-Barbe, vous êtes sains et saufs !
Ils se mirent à marcher d'un bon pas. Les deux jeunes gens, leur curiosité en éveil, regardèrent le paysage qui défilait alors qu'ils marchaient. Ils n'eurent pas l'impression d'être plus rapides qu'avant. Itzvan haussa les épaules.
– Bah, murmura-t-il à Grémory, la magie, quand on n'y connaît rien, il vaut mieux ne pas chercher à comprendre… Si Manteau-de-Pluie nous dit qu'on va plus vite, c'est qu'on va plus vite !

Le Banni s'arrêta plusieurs fois en cours de route afin de surveiller l'état de Meylao. Ce dernier avait vaguement repris conscience, mais il était si faible qu'il ne pouvait parler, et il s'était endormi après avoir bu un peu d'eau. Au bout d'un long moment de marche silencieuse, ils aperçurent sur la voie un petit groupe de personnes entourant une charrette, venant en sens inverse.

– Vous voyez, là-bas, droit devant nous ? fit Manteau-de-Pluie. C'est une caravane marchande de mon peuple. La route n'est pas assez large pour nous tous. Lorsque nous la croiserons, nous devrons lui céder la place. C'est la règle. Ces routes sont faites d'abord pour le commerce, comme je vous l'ai dit.

La petite troupe s'arrêta à l'approche des marchands. Bizarrement, la caravane s'immobilisa également, et celui qui semblait être le chef du convoi, un petit homme au ventre imposant et au crâne très dégarni, s'approcha de Manteau-de-Pluie. Les deux Vieilles-Barbes échangèrent quelques mots dans leur langue, que les deux jeunes gens ne purent comprendre. Ensuite, le meneur de la caravane désigna du menton Meylao étendu sur le brancard, puis les deux adolescents. Il avait l'air préoccupé et méfiant, et continua à s'adresser à Manteau-de-Pluie dans ce parler étrange. Le Banni lui répondit dans la langue des hommes :
– Pourriez-vous répéter ce que vous venez de me dire, de façon que mes compagnons comprennent ? C'est très important.
Le Vieille-Barbe de la caravane s'exécuta, visiblement gêné :
– Puisque vous insistez… Pardonnez mon insolence,

noble Banni, mais ce que je vais révéler est une information grave, j'espère que votre confiance dans ces humains n'est pas inconsidérée. Voilà, fit-il en se tournant vers Itzvan et Grémory, il y a des rumeurs de guerre. Il paraît que les Dents-de-Sabre sont devenus complètement fous, et qu'ils ont attaqué plusieurs clans de Dreshgoards, ces derniers jours. En retour, les Dreshgoards leur ont déclaré la guerre. Il semblerait que certains membres des familles importantes de l'empire urbain songent à aider les Dreshgoards, et à relancer cette vieille guerre entre humains et félis… Enfin, c'est ce qu'on raconte sur les marchés où nous sommes allés récemment.
Les deux jeunes gens se regardèrent, se doutant quelle était la cause de cette soudaine guerre. Le conducteur de la caravane les dévisageant toujours, ils restèrent muets, attendant la réaction de Manteau-de-Pluie. Les mâchoires de ce dernier se crispèrent.
– Vous savez, dit le Banni, que les Choses tentent de revenir dans ce monde. Si ce que vous nous dites est exact, alors cette nouvelle guerre est probablement en lien avec le retour des Choses. Je vous demanderai d'envoyer de toute urgence une missive aux dirigeants de notre peuple, pour les prévenir de ce risque de conflit généralisé. Je n'ai hélas pas le temps

de le faire. Ces jeunes gens et moi-même sommes à la poursuite de la Chose qui a sans doute provoqué ces attaques.

Le chef du convoi pâlit en entendant les paroles de Manteau-de-Pluie, et s'inclina avec gravité.

– Excusez ma méfiance de tout à l'heure… Elle est naturelle aux Vieilles-Barbes, expliqua-t-il à Itzvan et Grémory. Passez avant nous. Les routes pour le commerce sont celles des combattants, en temps de guerre. Quant à prévenir nos souverains, je le ferai en personne, de vive voix.

Manteau-de-Pluie le salua d'un signe de tête et enjoignit à Itzvan et Grémory de reprendre la route.

Chapitre 14

Tout en marchant, la jeune fille revint sur les révélations du caravanier :
– Si la guerre éclate entre les félis et les humains, après des siècles de paix, c'est une catastrophe. Tout ça va trop loin… Nous allons devoir agir très vite pour retrouver cette maudite Chose et l'empêcher de continuer à massacrer les Dreshgoards !
Grémory se tut, accablée par la perspective de la guerre, les yeux fixés sur Meylao endormi. Pendant ce temps, Itzvan se tourna vers Manteau-de-Pluie :
– C'est vrai qu'il y a toujours des tensions entre les peuples de notre monde… À ce propos, pourquoi les Vieilles-Barbes sont-ils si méfiants ?
Manteau-de-Pluie haussa les épaules :
– Nous avons beaucoup souffert de la haine des autres races, il y a des siècles. Alors, nous nous sommes entourés de mystère, pour nous protéger, pour que personne n'en apprenne trop sur nous, et ne nous fasse

de mal. Car connaître nos secrets, c'est connaître nos faiblesses, savoir comment nous toucher.
– Comment cela ? fit Grémory, ébahie. Pourquoi vous haïrait-on ?
Le Banni soupira et dit d'un ton plein de regret et de nostalgie :
– Nous sommes les premiers-nés de l'Arbre du monde. Nous étions là lorsque les Choses de l'Autre Côté ont surgi pour tuer l'Arbre-Père. Nous avons perdu les trois-quarts de notre peuple dans la bataille. Hélas, nous avons échoué, et l'Arbre est tombé. À la suite de sa chute, les autres créatures, nées de lui après nous – humains, fées, trolls, félis –, nous en ont voulu de ne pas avoir sauvé notre père à tous. Nous étions les aînés, et les plus aptes à combattre les Choses. Aujourd'hui, les temps ont changé pour toutes ces races, les parents meurent, les enfants ont des petits à leur tour… Les événements anciens s'oublient, remplacés par de nouveaux… Mais nous, les Vieilles-Barbes, nous sommes les mêmes depuis l'aube des temps, comme je vous l'avais déjà raconté. Nous sommes tous des mâles, nous ne pouvons pas avoir d'enfants, alors nous sommes éternels, sauf en cas de blessure mortelle. Nous nous souvenons tous de cette époque. Et nous en avons gardé des traces dou-

loureuses dans l'âme. Cela nous pousse souvent à rester enfermés sur nous-mêmes. Beaucoup d'entre nous sont devenus des marchands, pour essayer de combattre ce penchant à nous isoler des autres enfants de l'Arbre, mais ce n'est pas toujours facile. Vous avez vu tout à l'heure, le chef de la caravane ne pouvait s'empêcher d'être méfiant.

Les visages d'Itzvan et de Grémory s'assombrirent.

– C'est triste, ce que tu nous racontes... Et les autres races ont été injustes, je trouve, déclara la jeune fille. Quand on sait à quel point les Choses sont redoutables... Vraiment, c'est trop bête !

Manteau-de-Pluie eut un sourire en demi-teinte :

– Laisse, c'est de l'histoire ancienne, tout ça...

Itzvan enchaîna sur les paroles du Banni :

– En parlant d'histoire ancienne, quand allons-nous rencontrer l'un de ces fameux Mémoires ?

Manteau-de-Pluie inspira longuement en observant le paysage.

– Eh bien, d'après les symboles qui sont gravés sur la route, nous devrions bientôt apercevoir un cours d'eau. Nous trouverons l'entrée de la cachette du Mémoire sur l'une de ses rives, entre les racines d'un saule. Cet arbre est rendu invisible par un sortilège ; je vais réciter une formule pour le faire apparaître de

loin quand nous serons au bord de la rivière.
Grémory et Itzvan regardèrent de tous côtés, impatients d'y arriver. Soudain, Itzvan faillit lâcher le brancard sur lequel Meylao sommeillait.
– Là-bas ! Je vois un cours d'eau qui brille au soleil !

Le petit groupe quitta la route de pierres, suivant les indications de Manteau-de-Pluie. Une fois sur la rive, le Banni se recueillit un instant, puis chuchota quelques mots dans sa langue. Grémory et Itzvan parcoururent les alentours des yeux, guettant l'apparition du saule. Une traînée de vapeur retint leur attention, qui semblait venir de nulle part. Puis il y eut un coup de vent, qui éparpilla cette fumée, et un arbre surgit à sa place. Il était très imposant. Ils s'en approchèrent avec un profond respect. La rive où il poussait surplombait la surface de l'eau d'un mètre environ, et ses racines énormes trempaient dans l'onde. Manteau-de-Pluie chercha l'entrée de la cachette, pendant qu'Itzvan et Grémory rafraîchissaient Meylao, qui s'était de nouveau éveillé, pour retomber aussitôt dans le sommeil. Au bout d'un moment, le Banni leur indiqua un large interstice entre deux racines qui replongeaient dans la terre au lieu de pendre dans l'eau.
– Là, fit Manteau-de-Pluie, satisfait, il y a une porte.

Nous allons devoir nous mouiller un peu les pieds pour y arriver. Il y a deux marches pour la franchir. Nous allons entrer en portant la civière au-dessus de nos têtes, pour garder Meylao au sec. Je vais allumer ma lampe-tempête et la mettre autour de mon cou. Il n'y a sûrement pas de lumière à l'intérieur.
Le Banni poussa la porte, que rien ne fermait. De l'autre côté, la lampe du Vieille-Barbe éclaira une volée de marches grossières qui menait vers les profondeurs de la Terre. Ils entrèrent, portant Meylao avec précaution. Un couloir souterrain, où on pouvait se tenir debout, commençait en bas de l'escalier. Une lourde tenture se dessina bientôt au bout de ce couloir. Une petite silhouette la tenait écartée, laissant passer une douce lumière.
C'était un Vieille-Barbe. Il les attendait, un sourire accueillant sur son visage ridé encadré par une barbe et par des cheveux tout blancs.
– Il me semblait bien que la porte avait grincé… À vivre dans le silence, on a l'ouïe fine, fit le personnage en riant doucement.
Manteau-de-Pluie le salua en inclinant la tête.
– Nous venons pour mettre vos souvenirs à l'épreuve, honorable puits de sagesse…
Le Vieille-Barbe secoua la main avec nonchalance :

– Je m'en doute bien… Mais vous avez un blessé ? Entrez et posez-le ici.
Le petit homme repoussa la tenture pour faire passer le groupe dans une petite pièce ronde, basse de plafond, au sol intégralement recouvert de tapis, de couvertures et de coussins. Il leur désigna un tas de tissus lourds, qui devait lui servir de lit. Meylao y fut déposé avec délicatesse, puis chacun regarda tout autour avec curiosité. Le lieu était très dénudé : pas de livres ni de nourriture… Seul un bâtonnet d'encens brûlait, fiché dans une petite corniche du mur.
Le Mémoire regarda un instant le félis, qui sortait peu à peu de sa torpeur.
– C'est toi qui l'as soigné ? demanda le Vieille-Barbe à Manteau-de-Pluie.
Celui-ci acquiesça.
– Il est entre de bonnes mains… Tu vivras, jeune chat, je te l'assure, fit le sage en caressant doucement le front de Meylao.
Le Chétif le regarda sans comprendre, abasourdi de se retrouver dans un endroit pareil. Mais il se rassura en apercevant ses amis à côté de lui. Il se racla la gorge avant de parler.
– Attendez un peu… Ah, oui, je me rappelle… Ce combat… Vous m'avez porté sur un brancard… Je

sais que je me suis un peu réveillé… Ah, nous sommes chez le Mémoire, c'est ça ?
Le Vieille-Barbe sourit.
– Soyez bienvenus chez moi ! Alors, de quoi dois-je me rappeler ? fit-il en se tournant vers les autres.
– D'une Chose de l'Autre Côté, répondit Grémory. De Katlato-Srkra.
Le petit homme inspira longuement et ferma les yeux. Un long moment passa, si long que Grémory regarda Manteau-de-Pluie avec inquiétude, craignant que le Mémoire se soit endormi. Le Banni lui fit signe d'attendre encore. Finalement, au bout de ce qui parut être des heures aux visiteurs impatients, le Mémoire rouvrit les yeux :
– Katlato-Srkra… Oui, je vois. Son nom signifie « parasite » dans la langue des Choses de l'Autre Côté. Il a une perpétuelle soif de possession. Son pouvoir est une grande force, il peut s'accaparer de toute créature, prendre sa place, s'immiscer en elle… C'est aussi un maître de la tromperie, du camouflage ; en bref, de la possession dans tous les sens du terme. Mais c'est aussi sa faiblesse : il a besoin d'un hôte pour survivre dans notre monde. Sa forme originelle est celle d'une araignée, mais elle ne supporte que l'environnement de l'Autre Côté. Si Katlato-Srkra

ne trouve pas de réceptacle, il dépérit. Pourquoi, je n'en sais rien. Ainsi sont les Choses, force et faiblesse entremêlées. Pourquoi vouliez-vous le savoir ?
Manteau-de-Pluie prit un ton grave :
– Les Choses de l'Autre Côté reviennent, honorable puits de sagesse… Katlato-Srkra est parmi elles.
Le Mémoire plissa les yeux :
– L'heure est grave, alors… Katlato-Srkra a été enfermé par les Dreshgoards. Il s'est donc échappé.
– Oui, c'est ça ! s'exclama Grémory. Il a pris possession d'un Dreshgoard, puis d'un Dent-de-Sabre, et maintenant il massacre tous les Dreshgoards… Et il a parlé d'un dragon du nord, aussi, et de son « seigneur », ou quelque chose comme ça.
– Doucement, jeune fille ! Voyons : des Dreshgoards, des Dents-de-Sabre, un dragon, un seigneur… Ça me rappelle… Un instant !
Le Vieille-Barbe ferma de nouveau les yeux pendant un moment. Lorsqu'il les ouvrit, tous étaient pendus à ses lèvres.
– C'est une très vieille histoire. Tout d'abord, il vous faut savoir qu'il y a plusieurs sortes de Choses de l'Autre Côté. Elles ont des formes, des intelligences et des pouvoirs différents. Et elles ont tendance à se regrouper par points communs, aussi bien ceux de

leurs pouvoirs magiques que ceux de leurs caractères, les plus fortes dominant les autres. Or Katlato-Srkra était le général en chef d'un seigneur de l'Autre Côté, une Chose extrêmement puissante, et très étrange. J'ignore son nom, mais je sais qu'elle était le fruit d'une Chose de l'Autre Côté et d'un Dent-de-Sabre. Ne me demandez pas comment c'est possible, je ne sais pas. Toujours est-il que cet hybride contre nature, capable de tromper et de posséder comme Katlato-Srkra, à un degré supérieur, a tenté de s'introduire parmi les Dents-de-Sabre, pour prendre possession de notre monde en provoquant une guerre entre humains et félis. Diviser pour mieux régner, c'est une excellente méthode. Un dragon qui était resté sur notre terre a senti la présence de cette Chose si puissante et l'a cherchée pendant des années. La guerre entre humains et félis battait son plein, aussi eut-il quelques difficultés. Mais il réussit, et il reçut l'aide des Dreshgoards pour renvoyer cette Chose dans son domaine, de l'Autre Côté, et mettre ses acolytes hors d'état de nuire, dont son fameux général, Katlato-Srkra. Et maintenant, si ce dernier est dans la nature, il veut sans doute faire revenir son maître… Et se venger du dragon, qui est caché quelque part au nord du monde. Ah, il aura du mal à le trouver ! Ce dragon

se faisait appeler « grand maître des Énigmes, secrets et mystères magiques » !
Quand le Mémoire eut fini ses explications, Grémory et ses amis restèrent muets, se répétant tous les événements afin de bien les comprendre.
Itzvan fut le premier à rompre le silence :
– Sabadilla nous a parlé d'une malédiction que les Dreshgoards auraient lancée sur les Dents-de-Sabre... Ça ne vous dit rien ?
Le Mémoire caressa sa barbe un instant, les yeux dans le vague :
– Non. Je suis désolé.
– Tant pis... Nous finirons bien par trouver ce que c'est.
Meylao s'étira, en grimaçant à cause de ses blessures :
– Eh bien, quelle histoire ! Je sais que, dans mon état, je vais vous sembler présomptueux, mais je suis prêt à me mettre en route... J'ai bien dormi, je ne me sens pas trop mal... Alors, qu'est-ce qu'on fait ?
Grémory sourit devant l'enthousiasme de son ami.
– D'abord, tu vas guérir. Car il nous faudra courir pour rattraper Katlato-Srkra !

À SUIVRE...

LES MONDES IMAGINAIRES

Pour voyager au-delà du soleil et découvrir des mondes étranges, peuplés de dragons, de magiciens et de trolls

FANTASY

Pierre Grimbert
La reine des Amazones
La malédiction du coquillage
Le baiser de la Subure
Le guetteur de dragons
Le trophée des sorciers

Frédéric Faragorn
Le pouvoir du Chantelune
(Chantelune, tome 1)
Le livre des Chantelune
(Chantelune, tome 2)
Le cœur du Chantelune
(Chantelune, tome 3)

Paul Thiès
Le complot des brumes
(Jude d'Avalon, tome 1)
L'ambre maudite
(Jude d'Avalon, tome 2)

Anne Richard
La fille du maître d'armes
(Blanc-Hibou, tome 1)
L'ambre maudite
(Blanc-Hibou, tome 2)

Alexandre Malagoli
Les chevaliers d'écume
(L'Archipel de la Lyre, tome 1)
Le magicien sans visage
(L'Archipel de la Lyre, tome 2)

FANTASTIQUE

Anne-Laure Bondoux
La grande menace
(Le peuple des rats, tome 1)
Au cœur de la tourmente
(Le peuple des rats, tome 2)
La tribu des forêts
(Le peuple des rats, tome 3)

SCIENCE-FICTION

Philippe Andrieu
Les pirates de Neptune
(Dina, tome 1)
Le messager de Callisto
(Dina, tome 2)
La prisonnière de Lhassa
(Dina, tome 3)

Marie-Hélène Delval
Les glaces d'Antéria
(Mission Antéria, tome 1)
Le soleil des Orthanques
(Mission Antéria, tome 2)
Les orages d'Erna-Thor
(Mission Antéria, tome 3)

Imprimé en R.F.A. par Clausen & Bosse